L'ORIENT

I

L'ORIENT

PAR

ALEXANDRE KELLER

NOMBREUSES COMPOSITIONS HORS TEXTE DE

NU PHOTOGRAPHIQUE

PARIS

LIBRAIRIE D'ART TECHNIQUE

6, RUE GÎT-LE-COEUR, 6

L'ORIENT

LA BIBLE

LE CANTIQUE DES CANTIQUES

Le Cantique *de Salomon, ce chant de folie, d'ivresse et de passion, est une des plus curieuses et des plus sponta-nées productions du génie oriental. En vérité, c'est un cri de folie amoureuse !*

Il est difficile d'y démêler les différents personnages. Ceux dont la voix voluptueuse et terriblement réaliste domine, au milieu des figures les plus hardies et des com-paraisons les plus audacieuses, ce sont l'homme et la femme, pour qui « l'amour est plus fort que la mort, et la jalousie plus terrible que l'enfer » !

Mélange parfois choquant, parfois souverainement doux, du feu des sens et des rêves de la passion, ce Can-tique restera comme la plus vigoureuse page de la poésie amoureuse qu'ait produite l'antiquité. Il est aussi le dé-calque le plus vrai de la vie primitive, où l'homme et la femme, intimement unis à la nature en efflorescence, parmi les animaux lascifs dont ils sont encore si proches, don-

nent à leur langage la couleur des beaux fruits et le parfum des fleurs !

Inutile de chercher dans ce chant d'amour une suite logique. Les deux interlocuteurs principaux parlent et rêvent, se saisissent, se quittent et se reprennent, dans un tumulte passionnel, qui est plutôt la vérité de l'amour que la règle littéraire. Il faut lire cet épithalame superbe, en songeant au désordre de la pensée qui caractérise les premières voluptés. Salomon était jeune, à l'heure où il entonnait son cantique en l'honneur de la fille d'Égypte; il était né poète comme son père; il était le type du passionné et du maître qui ne plie que devant la femme aimée. Sa voix est un murmure d'une douceur infinie, quand elle ne rappelle pas les sons du clairon des batailles.

Une ancienne tradition dit que les Hébreux ne permettaient la lecture du Cantique de Salomon qu'à ceux qui avaient au moins trente ans.

LE CANTIQUE DES CANTIQUES

I

LA FEMME

Pose tes lèvres sur les miennes ; car supérieures au vin sont tes mamelles où rôdent les plus doux parfums !

Ton nom est une huile répandue, et c'est pourquoi les jeunes filles t'ont chéri !

Enlève-moi ! et que nous courions toutes dans le sillage de tes parfums !

Le roi m'a introduite dans ses appartements ! Nous nous égaierons et nous nous réjouirons en toi, mon bien-aimé, nous souvenant que tes mamelles sont supérieures au vin !

Je suis brune, mais belle, ô filles de Jérusalem, comme les tentes de Cédar, comme les fourrures de Salomon ! Veuillez ne pas considérer mon teint fauve, car c'est le soleil qui m'a brunie !

Les enfants de ma mère ont lutté contre moi et m'ont déléguée à la garde des vignes ; mais je n'ai pas su défendre la mienne !

Dis-moi, ô toi qu'adore mon âme, où tu pais ton troupeau, où tu reposes quand le soleil est au zénith, afin que je ne me mette pas à courir autour des troupeaux de tes compagnons !

L'HOMME

Si tu ne le sais pas, ô la plus belle d'entre les femmes, sors, et suis les traces des troupeaux, et fais paître tes béliers près des tentes des pasteurs !

Je t'ai comparée aux cavales attelées aux chariots de Pharaon, ma douce amie ! Tes joues ont le velouté du plumage des tourterelles, et ton cou est rehaussé d'un collier ! Mais nous te ferons des colliers d'or incrustés d'argent !

LA FEMME

Tandis que le roi était sur son lit de repos, mon corps parfumé a répandu une odeur suave. Mon bien-aimé est pour moi un sachet de surprise : il reposera entre mes deux seins ! Mon bien-aimé m'est une grappe de troène des vignes d'Engaddi !

L'HOMME

Comme te voilà belle ! ma douce amie, comme te voilà belle ! Tes yeux sont ceux de la colombe !

LA FEMME

Comme te voilà beau, mon bien-aimé, et combien agréable !

Notre couche est fleurie. Les poutres de notre foyer sont taillées dans le cèdre, les lambris dans les cyprès !

II

LA FEMME

Je suis la fleur des champs et le lis des vallées !

L'HOMME

Tel le lis entre les épines, telle ma douce amie entre les filles !

LA FEMME

Tel le pommier entre les arbres de la forêt, tel mon bien-aimé entre les jeunes hommes !

Je me suis assise dans l'ombre de celui que je désirais, et son fruit a été doux à mon palais ! Il m'a introduite dans la salle du festin et m'a comblée de tendresse !

Couvrez-moi de fleurs, entourez-moi de fruits, car je me pâme d'amour !

Que sa main gauche soit sous ma tête, et qu'il m'embrasse de sa droite !

L'HOMME

Par les chevreuils, par les biches des champs, je vous adjure, filles de Jérusalem, ne réveillez pas, ne tenez pas éveillée ma douce amie, jusqu'à ce qu'elle le désire elle-même !

LA FEMME, *endormie et rêvant*

C'est la voix de mon bien-aimé, c'est lui qui accourt bondissant sur la montagne, franchissant la colline ! Il est semblable, mon bien-aimé, au chevreuil et au faon des biches !

Le voici lui-même, qui se tient derrière notre muraille, regardant par les fenêtres, interrogeant à travers les treillis ! Mon bien-aimé me parle : « Lève-toi vite, ma douce amie, ma colombe, ma toute belle, et viens ! Déjà l'hiver est passé, les pluies ont cessé et les nuages sont disparus ! Les fleurs sont écloses aux champs, l'heure de l'émondeur arrive ! On a perçu, dans nos terres, la voix de la tourterelle ; le figuier a produit ses fruits ; les vignes ont des grappes et répandent une bonne odeur ! Lève-toi, ma douce, ma gracieuse amie, et viens ! Ma colombe, ô toi qui habites les fentes des rochers et les trous des murailles, montre-moi ta tête, et que ta voix retentisse à mes oreilles ; car ta voix est douce et ta tête gracieuse ! »

Mon bien-aimé est à moi et je suis à lui, qui paît parmi les lis jusqu'à l'heure où se lève le jour et s'enfuient les ténèbres !

Reviens ! Sois pareil, ô mon amour, au chevreuil et au faon des biches des montagnes de Bether !

III

LA FEMME

J'ai cherché durant les nuits, sur ma couche, celui que chérit mon âme. Je l'ai cherché et ne l'ai point trouvé !

Je me lèverai et ferai le tour de la ville. Par les carrefours et les places je chercherai celui qui remplit mon cœur. « N'avez-vous pas aperçu celui que j'aime ? »

J'ai rencontré le guet qui garde la ville : « N'avez-vous pas rencontré celui qu'adore mon âme ? »

A peine avais-je passé le guet, que je trouvai celui qui remplit mon cœur ; je l'ai suivi, et je ne le lâcherai pas que je ne l'aie introduit dans la maison de ma mère, et dans la chambre de celle qui m'a enfantée !

L'HOMME

Par les chevreuils, par les biches des champs, je vous adjure, filles de Jérusalem, ne réveillez pas, ne tenez pas éveillée ma douce amie, jusqu'à ce qu'elle le désire elle-même !

LES COMPAGNES DE LA FEMME

Voici le lit de Salomon, entouré de soixante des plus vaillants d'Israël. Tous portent l'épée et sont très bien dressés à la guerre. Chacun a son glaive sur la cuisse, à cause des frayeurs de la nuit. Le roi Salomon s'est fait une couche du bois du Liban ; les piliers en sont d'argent, le fond d'or, les degrés de pourpre. Son amour en a recouvert le milieu pour les filles de Jérusalem.

LA FEMME

Sortons et voyons, filles de Sion, le roi Salomon avec le diadème dont l'a couronné sa mère, au jour de son mariage, au jour de la joie de son cœur !

IV

L'HOMME

Comme te voilà belle, ma douce amie, comme te voilà belle ! Tes yeux sont ceux de la colombe ; et que dire de ce que recèlent leur profondeur ! Ta chevelure rappelle le troupeau de chèvres qui grimpe sur les monts de Galaad. Tes dents sont blanches comme les brebis tondues qui montent du lavoir, portant chacun deux petits, rebelles à la stérilité ! Tes lèvres sont des bandelettes écarlates, et ton parler est si doux ! Tes joues sont pareilles à deux grenades; et que dire de ce qu'elles recouvrent ! Ton cou est semblable à la tour de David, bâtie à créneaux, où pendent mille boucliers et toutes les armes des vaillants ! Tes deux seins sont les deux faons jumeaux d'une chevrette, qui paissent parmi les lis !

Jusqu'à l'aube, jusqu'à l'heure où fuient les ténèbres, je m'en irai à la montagne de myrrhe et au coteau d'encens !

Tu es belle en tout, ma douce amie, et il n'y a point de tache en toi.

Viens du Liban, mon épouse, viens du Liban, viens ! Regarde du sommet d'Amana, de Sanir et d'Hermon, des repaires des lions, des montagnes des léopards !

Tu as blessé mon cœur, ma sœur, mon épouse ! Tu as blessé mon cœur d'un seul de tes regards, tu m'as attaché avec un cheveu de ta nuque !

Oh ! qu'ils sont beaux tes deux seins, ma sœur, mon épouse ! Tes seins sont plus doux que le vin, et le parfum de ton corps l'emporte sur tous les aromates !

Tes lèvres sont les alvéoles où ta langue distille le lait et le miel ; l'odeur de tes vêtements rappelle celle de l'encens !

Tu es un jardin fermé, ô ma sœur, ô mon épouse, tu es un jardin fermé, une source scellée ! Les plantes qui y poussent en font un jardin de délices : ce sont des grenadiers et toutes les variétés d'arbres, le cy-

près et le troène, le nard et le safran, la canne odorante et le cinnamome, et tous les bois du Liban, la
myrrhe et l'aloès, et les parfums les meilleurs ! O
fontaine des jardins, puits d'eaux vives se précipitant
du Liban !

Lève-toi, aquilon, arrive ; Auster, souffle sur mon
jardin, et fais distiller ses plantes aromatiques !

LA FEMME

Qu'il vienne, mon bien-aimé, dans son jardin et
qu'il en mange les fruits !

V

L'HOMME

Je suis venu dans mon jardin, ô ma sœur, ô mon
épouse ! j'ai recueilli mes myrrhes et mes aromates ; j'ai
mangé mes rayons avec mon miel ; j'ai bu mon vin
avec mon lait !

Mangez, mes amis, et buvez ! Allez jusqu'à l'ivresse,
mes très chers !

LA FEMME

Je dors, mais mon cœur veille. C'est la voix de
mon bien-aimé, c'est lui qui frappe à ma porte :
« Ouvre-moi, ma sœur, ma douce amie, ma colombe,
mon immaculée ! car ma tête est pleine de rosée et
mes cheveux humides des gouttes de la nuit ! »

J'ai quitté ma robe : comment la revêtirais-je ?

J'ai lavé mes pieds : comment me souillerais-je ?

Mon bien-aimé a introduit sa main par l'huis, et mon ventre a frémi à son contact ! Je me suis redressée pour ouvrir à mon bien-aimé ; de mes mains coula la myrrhe, et mes doigts étaient pleins de la myrrhe la plus précieuse !

J'ai poussé pour mon bien-aimé le verrou de ma porte ; mais il s'était retiré et avait passé outre !

Mon âme s'était pâmée à son appel ! Je l'ai cherché et ne l'ai point trouvé ; je l'ai appelé et il ne m'a pas répondu ! Le guet qui garde la ville m'a rencontrée ; il m'a frappée et blessée. Les gardiens des murailles m'ont arraché mon voile !

Je vous en conjure, ô filles de Jérusalem, si vous trouvez mon bien-aimé, dites-lui que je me meurs d'amour !

LES COMPAGNES DE LA FEMME

Qu'est donc ton bien-aimé parmi les bien-aimés, ô la plus belle des femmes ? Qu'est donc ton bien-aimé parmi les bien-aimés pour que tu nous supplies ainsi ?

LA FEMME

Mon bien-aimé est blanc et vermeil ; je l'ai préféré entre tous ! sa tête est d'un or pur ; sa chevelure est comme le feuillage du palmier et noire comme l'aile du corbeau ! Ses yeux sont ceux de la colombe, qui vit près du ruisseau au lent cours et se baigne dans le lait. Ses joues sont comme un parterre de plantes aromatiques, comme des sachets d'odeurs ! Ses lèvres sont des lis distillant des parfums suaves. Ses mains portent des anneaux et sont pleines d'hyacinthes ! Son ventre est d'un ivoire où brillent des saphirs ! Ses jambes sont des colonnes de marbre appuyées sur des bases d'or. Il est droit comme le Liban ; il est exquis comme le cèdre ! Sa voix est d'une douceur infinie ; tout en lui est désirable !

Tel est, ô filles de Jérusalem, celui que j'ai choisi, tel est mon bien-aimé !

LES COMPAGNES DE LA FEMME

Où s'en est allé ton bien-aimé, ô la plus belle des femmes ? Par où est-il parti ? Et nous le chercherons avec toi.

VI

LA FEMME

Mon bien-aimé est descendu dans son jardin, au parterre des plantes aromatiques, pour paître dans les vergers et cueillir des lis !

Je suis à mon bien-aimé, et mon bien-aimé est à moi, lui qui paît parmi les lis !

L'HOMME

Tu es belle, ma douce amie, tu es agréable, tu es magnifique comme Jérusalem ! tu es redoutable comme une armée rangée en bataille !

Détourne tes yeux, car ils me firent tomber dans tes bras ! Tes cheveux sont pareils au troupeau de chèvres venues de Galaad ! Tes dents sont comme le groupe des brebis qui montent du lavoir, ayant chacune des faons jumeaux ; parmi elles, il ne s'en rencontre point de stérile ! Tes joues sont pareilles à l'écorce des grenades, et je passe sous silence ce qu'elles me cachent !

J'ai soixante reines, quatre-vingts concubines et des vierges sans nombre ; mais une seule est ma colombe, ma parfaite ; elle est la préférée de sa mère, l'élue de celle qui lui donna le jour !

Les jeunes filles l'ont vue et proclamée bienheureuse ! Les reines et les concubines ont chanté sa louange ! « Quelle est celle qui s'avance comme l'aube naissante, belle comme la lune, splendide comme le soleil, redoutable comme une armée rangée en bataille ? »

Je suis descendu dans le jardin des noyers, pour contempler les fruits du vallon, pour voir si la vigne était en fleurs et si les grenades avaient germé ! Mais, insensé ! les quadriges d'Aminadab avaient troublé ma raison !

Reviens, reviens, ô Sulamite ! Reviens, reviens, que nous te contemplions !

VII

LES COMPAGNES DE LA FEMME

Que découvriras-tu dans la Sulamite, si ce n'est son port altier ?

Que ton pas est gracieux dans tes sandales, ô fille de prince ! Les jointures de tes cuisses sont des colliers faits de main d'ouvrier ! Ton nombril est la coupe travaillée au tour et toujours pleine de breuvage ! Ton ventre est comme un champ de blé semé de lis ! Tes deux seins sont les deux faons jumeaux d'une chevrette, ton cou un tour d'ivoire, tes yeux le lac d'Hesebon, près de la porte Rath-Rabbim ; ta tête est pareille au Carmel, et ta chevelure à la pourpre royale enserrée dans un filet.

Que tu es belle, ô chère entre toutes, que tu es magnifique dans ta volupté !

Ta taille fut comparée à celle du palmier et ta gorge à une grappe de raisins !

L'HOMME

J'ai dit : « Je monterai sur le palmier, et en saisirai les fruits ! Et tes seins seront pour moi comme des grappes de la vigne, et le souffle de ta bouche comme le parfum des pommes ! »

LES COMPAGNES DE LA FEMME

Comme un vin excellent, ta gorge est digne d'être

offerte au bien-aimé, digne d'être livrée au baiser de ses lèvres et de ses dents !

LA FEMME

Je suis à mon bien-aimé, et il est tourné vers moi !

Viens, mon amour, sortons aux champs, arrêtons-nous dans les hameaux ! Levons-nous de bon matin pour aller à la vigne et voir si elle est en fleurs, si les fleurs ont engendré des fruits, et si les grenades sont ouvertes ! C'est là que je te livrerai ma gorge !

Les mandragores ont répandu leur parfum. A nos portes pendent tous les fruits ; les nouveaux et les anciens, ô mon bien-aimé, je te les ai gardés tous !

VIII

LA FEMME

Que n'es-tu mon frère qui suce les mamelles de ma mère ? J'irais te trouver dehors, et je te baiserais, et personne n'aurait du mépris pour moi !

Je te saisirai et t'introduirai dans la maison de ma mère. Là, tu m'enseigneras, et je te donnerai une coupe de vin vieux et une liqueur faite avec du suc de mes grenades !

Que son bras gauche soit sous mon cou et que sa droite m'embrasse le corps !

L'HOMME

Je vous adjure, ô filles de Jérusalem, de ne pas réveiller, de ne pas tenir éveillée ma douce amie,
qu'elle ne le veuille !

LES COMPAGNES DE LA FEMME

Quelle est celle qui monte du désert, débordante
de voluptés et appuyée sur l'homme qu'elle chérit ?

L'HOMME

Je t'ai réveillée sous un pommier : là, ta mère
commit le péché ; là, s'accomplit le viol de celle qui
t'enfanta !

Mets-moi comme un sceau sur ton cœur, comme
le sceau sur ton bras ; car l'amour est fort comme la
mort et la jalousie terrible comme l'enfer ! Leurs
aiguillons sont des aiguillons de feu et de flammes !
L'eau coulant à ruisseaux ne saurait éteindre l'amour,
ni les fleuves le noyer ! Si un homme donnait pour
lui tous les biens de sa maison, personne n'oserait le
blâmer !

LA FEMME

Notre sœur est jeune et n'a pas encore de mamelles : que lui ferons-nous lorsqu'on la recher-
chera ?

L'HOMME

Si elle est comme une muraille, nous bâtirons sur
elle des tours d'argent ; si elle est comme une porte,
nous la renforcerons d'un entablement de cèdre !

LA FEMME

Je suis comme une muraille, et mes seins sont comme des tours : c'est pourquoi je jouis de la paix !

L'HOMME

Le pacifique Salomon possédait une vigne dans un endroit populeux. Il la confia à des gardiens, et chacun d'eux paya sa récolte mille pièces d'argent ! Les mille pièces d'argent sont à toi, et deux cents pour qui en gardent les fruits !

O toi qui habites les jardins, les amis t'écoutent ! Fais que j'entende ta voix !

LA FEMME

Fuis, mon bien-aimé, pareil au chevreuil et au faon de la biche sur les montagnes parfumées !

RUTH

Au Cantique des Cantiques *s'oppose naturellement, à titre d'antithèse, le doux et mélancolique poème de* Ruth. *Avec ces deux œuvres, si restreintes soient-elles, nous tenons les éléments principaux du génie biblique.*

Dans l'un, c'est la passion poussée jusqu'à la folie ; dans l'autre, c'est le sentiment épuré qui fait rêver les vierges au seuil de la puberté. Mais, dans le premier comme dans le second, domine une note que le philosophe ne retrouvera que dans les œuvres sorties du christianisme et de la chevalerie.

Comme ce poème est éloigné de la pastorale de Longus ! Certes, dans Daphnis et Chloé, *si nous faisons abstraction de la partie purement imaginaire, il se rencontre déjà des descriptions de la nature et une sorte d'harmonie entre l'homme et la mélancolie des champs ; mais que l'œuvre de Longus est donc loin de ce poème biblique si frais, si rempli d'âme, si simple, si conforme à la vérité du cœur humain !*

L'amour d'une jeune femme et d'un vieillard nous choque

partout ailleurs que dans ce poème éternel, où Booz semble nécessaire à la félicité de Ruth, où la tête neigeuse de l'un s'harmonise naturellement avec la tête fleurie de l'autre.

Un seul poète, dans les temps modernes, est parvenu à rendre avec une vigueur égale et à nous faire accepter avec une franchise pareille cet amour, partout ailleurs ridicule et blâmable, et ce poète est Victor Hugo.

RUTH

I

Aux temps où le pouvoir était aux mains des juges, une famine s'abattit sur la terre, et un homme de Bethléem en Juda s'en alla, avec sa femme et ses deux fils, vers les domaines de Moab.

Cet homme s'appelait Elimelech, et son épouse, Noémi. Les fils portaient les noms de Mahalon et de Chélion. C'étaient des Ephratiens de Bethléem en Juda. Ils pénétrèrent dans la région moabite et y fixèrent leur séjour.

Or, Elimelech vint à mourir, et sa femme, Noémi, resta auprès de ses deux fils, qui épousèrent des femmes moabites, du nom de Ruth et d'Orpha. Depuis dix années ils séjournaient là, quand Mahalon et Chélion succombèrent au trépas. Et Noémi resta veuve, après la mort de ses deux fils et de son mari.

Cependant elle se leva pour s'en retourner du pays de Moab vers sa patrie, en compagnie de ses deux brus : elle avait appris, en effet, que le Seigneur avait visité son peuple et pourvu à ses besoins.

Elle abandonna donc la Terre étrangère, avec ses deux brus ; et, tandis qu'elle était sur le chemin du retour, vers le pays de Juda, elle dit : « Retournez dans la maison de votre mère, et que le Seigneur vous fasse miséricorde, comme vous avez fait à ceux qui sont morts et à moi. Qu'il vous soit donné de trouver le repos au foyer de ceux que vous aurez choisis pour maris. » Et elle les embrassa.

Mais elles éclatèrent en sanglots et répondirent : « Nous irons avec toi vers ton propre peuple ! »

Et Noémi leur dit : « Retournez-vous-en, mes filles : pourquoi me suivriez-vous ? Mon ventre portera-t-il encore des fils que vous ayez l'espoir de pouvoir épouser ? Retournez-vous-en, mes filles, allez ; déjà je succombe sous le poids des années, et je ne puis songer à une autre union avec l'homme. D'ailleurs, si je pouvais concevoir cette nuit même, et donner le jour à des fils, et si vous consentiez à attendre qu'ils aient atteint l'âge de la puberté, vous seriez vieilles avant de les épouser. N'y songez-pas, je vous prie, ô mes filles ! car je suis encore plus soucieuse que vous : la main du Seigneur s'est appesantie sur moi. »

A nouveau elles élevèrent la voix et poussèrent des sanglots. Orpha donna un baiser à sa belle-mère et s'en retourna.

Mais Ruth se serrant contre elle, Noémi lui dit :
« Voici, ta belle-sœur s'en est allée vers sa tribu et
vers ses dieux, retourne-t'en comme elle. »

Et Ruth répondit : « Ne me prie pas de t'abandonner et de m'en retourner ; car partout où tu iras
je suivrai tes pas ; partout où tu t'arrêteras, je m'arrêterai de même. Ton peuple sera mon peuple, ton
Dieu sera mon Dieu ! La terre, qui te recevra à ta
mort, verra mon trépas et j'y trouverai ma tombe !
Que le Seigneur me punisse avec la dernière rigueur,
si jamais rien nous sépare que la mort ! »

Or, Noémi voyant que Ruth était résolue dans
l'âme de s'en aller avec elle, ne tenta plus de l'en
dissuader, ni de lui conseiller le retour vers les siens.
Et elles cheminèrent ensemble, et atteignirent
Bethléem. Quand elles y eurent pénétré, la nouvelle
s'en répandit rapidement, et les femmes disaient :
« N'est-ce point, là, Noémi ? » Et elle répondait :
« Ne m'appelez point Noémi, la belle ; mais Mara, la
triste, car le Tout-Puissant m'a saturée de tristesse !
Je m'en étais allée, les mains pleines, et voici que le
Seigneur me ramène les mains vides ! Pourquoi
m'appelez-vous Noémi, lorsque le Seigneur m'a humiliée et plongée dans l'affliction ? »

C'est ainsi que s'en vint de la terre étrangère
Noémi avec Ruth, la Moabite, sa belle-fille ; et elles
entrèrent à Bethléem au temps où l'on commençait
à moissonner l'orge.

II

Or, il vivait là, un parent de Noémi, de la famille d'Elimelech, qui était riche et puissant, et portait le nom de Booz.

Et Ruth la Moabite dit à sa belle-mère : « Si tu le veux, je m'en irai aux champs et glanerai les épis qui auront échappé aux mains des moissonneurs, partout où j'aurai trouvé grâce devant un père de famille. »

Noémi lui dit : « Va, ma fille ! » Et elle s'en alla, et elle glana les épis derrière les moissonneurs.

Or, il arriva que le champ où elle glanait appartint à un maître du nom de Booz, qui était de la famille d'Elimelech.

Et voici que l'homme lui-même s'en vint de Bethléem et dit aux moissonneurs : « Que le Seigneur soit avec vous ! » Et ceux-ci de répondre : « Que le Seigneur te bénisse ! »

Alors Booz dit au serviteur qui présidait à la moisson : « Quelle est cette jeune fille ? » Et le serviteur répondit : « C'est une Moabite qui est venue avec Noémi du pays de Moab. Elle a prié qu'on lui permît de ramasser les épis égarés sur le pas des moissonneurs. Depuis le matin jusqu'à l'heure présente elle est aux champs, sans s'en être retournée à la maison. »

Et Booz, s'adressant à Ruth : « Écoute, dit-il, ma fille, ne va pas glaner dans un autre champ, ne t'écarte pas d'ici, mais joins-toi à mes suivantes. Partout où elles moissonneront, suis-les. J'ai ordonné à mes serviteurs que nul ne te porte ombrage ; et si tu as soif, va vers la réserve et partage l'eau que boivent mes serviteurs. »

Ruth se prosterna, le visage contre terre, et dit : « Comment ai-je trouvé grâce à tes yeux, et pourquoi me fais-tu bon accueil, à moi qui suis une femme étrangère ? »

Et Booz répondit : « On m'a annoncé tout ce que tu fus pour ta belle-mère après la mort de ton époux ; que tu as quitté tes parents et la terre où tu vis le jour, et que tu es venue vers un peuple que tu ne connaissais point. Que le Seigneur te le rende ! Et puisses-tu recevoir pleinement ton salaire de l'Éternel, le Dieu d'Israël, vers lequel tu es accourue pour t'abriter sous son aile. »

Et Ruth : « J'ai trouvé grâce, dit-elle, devant tes yeux, ô mon maître ! Tu m'as consolée, tu as parlé au cœur de ta servante, bien que je ne sois pas du nombre de celles qui t'obéissent. »

Et Booz lui répondit : « Quand viendra l'heure du repas, approche-toi d'ici ; prends du pain et trempe-le dans le vinaigre. »

Et elle s'assit aux côtés des moissonneurs, et elle reçut du grain grillé, et elle en mangea jusqu'à satiété, et serra le reste.

Puis elle se leva pour glaner suivant la coutume. Et Booz donna des ordres à ses serviteurs : « Même si elle voulait glaner au milieu de vous, ne l'en empêchez pas; et même laissez s'égarer des javelles, afin qu'elle puisse les ramasser sans rougir et sans que vous les repreniez. »

Ruth glana donc au champ jusqu'au soir. Elle battit ce qu'elle avait ramassé, et il y eut environ un épha d'orge, c'est-à dire trois mesures.

Elle retourna sous sa charge vers la ville et montra sa récolte à sa belle-mère. Elle lui donna également les restes du repas qu'elle avait emportés après s'être rassasiée.

Et Noémi lui dit : « Où as-tu glané aujourd'hui ? et où as-tu fait ton labeur ? Béni soit celui qui eut pitié de toi !

Et Ruth lui dit chez qui elle avait travaillé, et elle déclara que l'homme portait le nom de Booz.

« Qu'il soit béni du Seigneur, répondit Noémi ; puisqu'il a pour les vivants la bonté qu'il eut pour ceux qui sont morts. »

Et elle ajouta : « Cet homme est notre proche. »

Et Ruth dit : « Et même il me recommanda de ne point m'écarter des moissonneurs, jusqu'après la moisson complète. »

Noémi répondit : « Il est bon, ma fille, que tu sortes avec ses servantes pour la moisson, afin que tu ne rencontres pas d'empêchement dans un autre champ. »

Elle s'attacha donc aux servantes de Booz, et elle glana avec elles tant que les orges et les froments ne furent pas rentrés dans les granges.

III

Mais quand elle fut retournée auprès de Noémi, celle-ci lui parla de la sorte : « Ma fille, je cherche à te procurer le repos, et je veille à ce que tu sois heureuse. Ce Booz, dont tu suivis les servantes, est notre proche parent ; cette nuit, il vannera son orge. Lave-toi donc, et te couvre de parfums. Puis tu mettras tes plus beaux habits et descendras dans l'aire. Mais fais en sorte que l'homme ne t'aperçoive pas tant qu'il n'aura bu et mangé. Puis, lorsqu'il se retirera pour dormir, observe bien l'endroit où il prendra son sommeil. Tu iras vers lui et soulèveras le manteau dont il se couvre les pieds, et tu t'étendras, là, dans l'immobilité. Quant à lui, il te dira ce que tu auras à faire. »

Ruth répondit : « Je ferai tout ce que tu me dis. »

Et elle descendit sur l'aire, et fit tout ce que lui avait commandé Noémi.

Quand Booz eut bu et mangé, et qu'il se fut réjoui, il alla se coucher près d'un tas de javelles. Et Ruth vint et, ayant repoussé le manteau qui couvrait ses pieds, elle s'étendit en silence.

Et voici que, vers le milieu de la nuit, Booz eut peur, et, dans son trouble, il aperçut une femme étendue à ses pieds. « Qui es-tu ? » lui dit-il.

Et celle-ci lui répondit : « Je suis Ruth, ta servante ; étends ton manteau sur moi, car je suis ta parente. »

Booz lui dit : « Que le Seigneur te donne sa bénédiction, ma fille ! Cette dernière commisération l'emporte sur la première, alors que tu ne suivis ni les jeunes hommes pauvres, ni les riches. Sois donc sans crainte : je ferai tout ce que tu voudras ; car tout le peuple, qui habite dans les murs de ma cité, sait que tu es une femme vertueuse. Je ne nie nullement d'être ton parent ; mais il en est un qui t'est plus proche que moi. Repose ici cette nuit ; à l'aube, si, en vertu du droit de la parenté, il te désire, qu'il en soit fait suivant sa volonté. Au contraire, s'il renonce à son droit, je te prendrai sans aucun doute : car le Seigneur vit toujours ! Dors jusqu'au matin. »

Ruth dormit donc aux pieds de Booz jusqu'à la chute de la nuit. Elle se leva avant que les hommes pussent se reconnaître les uns les autres, et elle dit à Booz : « Fais en sorte que personne n'apprenne que je suis venue à toi. »

A nouveau, Booz lui répondit : « Étends ta robe, dont tu te vêts, et la tiens de tes deux mains. »

Ruth étendit sa robe et la tint, et Booz, ayant versé six mesures d'orge, les lui chargea sur les épaules.

Ainsi munie, Ruth entra dans la cité et rejoignit sa belle-mère.

« Qu'as-tu fait ma fille ? » interrogea Noémi. Et Ruth lui conta tout ce qui s'était passé entre elle et cet homme, en ajoutant : « Voici, il me donna six mesures d'orge, avec ces mots : Je ne veux pas que tu retournes, les mains vides, vers ta belle-mère ! »

Et Noémi : « Ma fille, dit-elle, demeure ici jusqu'à

ce que tu saches comment l'affaire se terminera ; car cet homme ne se donnera point de repos qu'il n'ait accompli sa promesse ! »

IV

Booz donc monta à la porte et s'y assit. Quand il vit passer le parent le plus proche, dont il avait parlé, il dit, en l'appelant par son nom : « Approche-toi un instant et t'assieds près de moi. »

Celui-ci se détourna de sa route et prit place.

Alors Booz, ayant convoqué dix hommes des anciens de la ville, leur dit : « Asseyez-vous ici. »

Et quand ils se furent assis, il s'adressa au parent le plus proche : « Noémi, de retour du pays moabite vendra une partie du champ de notre frère Elimelech. J'ai voulu que tu en fusses averti, en présence de tous ceux qui sont là et des anciens de mon peuple. Si tu veux l'acquérir en vertu du droit de parenté, achète-le et le garde. Mais s'il devait te déplaire, dis-le-moi, afin que je puisse prendre une détermination. Il n'est point d'autre que toi qui soit plus proche parent, je suis le premier après toi. »

Or, celui-ci répondit : « J'achèterai le champ. »

Alors Booz ajouta : « Si tu achètes le champ des mains de Noémi, il te faudra de même accepter Ruth qui est l'épouse du défunt, pour conserver son nom dans son héritage. »

L'homme répondit : « Je cède mon droit de parenté ;

je ne dois pas, en effet, perdre l'héritage de ma famille. Use toi-même d'un privilège dont je déclare ne vouloir point jouir. »

Or, c'était une ancienne coutume en Israël, entre proches parents, lorsqu'on cédait son droit à un autre, de confirmer la chose en enlevant sa chaussure et en la donnant à son proche. Et c'était là, en Israël, le témoignage de la cession faite.

Booz dit donc à son parent : « Enlève ta chaussure. »

Celui-ci s'exécuta sur-le-champ.

Et Booz dit aux anciens et à tout le peuple : Vous êtes, aujourd'hui, témoins que j'ai acquis tout ce qui appartenait à Elimelech, à Chélion et à Maholon, de la main de Noémi ; et que j'ai conquis Ruth, la Moabite, femme de Maholon, pour conserver le nom du défunt dans son héritage, et pour que le nom de son frère ne soit retranché ni d'entre ses frères, ni de sa famille, ni de son peuple. Soyez, je le répète, témoins de la chose. »

Tout le peuple, qui était à la porte, et les anciens dirent : « Nous en sommes témoins. Fasse le Seigneur que la femme qui entre en ta maison, soit comme Rachel et comme Léa, qui édifièrent la maison d'Israël, afin qu'elle soit l'exemple de la vertu en Ephrat, et illustre son nom dans Bethléem. Que la maison, que le Seigneur te donnera par cette jeune femme, soit comme la maison de Phares, que Thamor enfanta à Juda. »

Booz emmena Ruth et la prit pour épouse. Il vint

vers elle, et le Seigneur fit qu'elle conçut et donna
le jour à un fils.

Et les femmes dirent à Noémi: « Béni soit le Seigneur, qui ne souffrit point que ta famille fût pri-
vée de descendance, et voulut que ton nom fût conservé en Israël. Que ce fils console ton âme et soit le
soutien de ta vieillesse. Ta bru, qui t'aime, a donné
le jour à un homme, et elle te vaut mieux que sept
fils. »

Alors Noémi prit l'enfant, et lui servit de nourrice
et de gardienne.

LE KORAN

I

AUX CROYANTS

N'épousez point une femme idolâtre, jusqu'à ce qu'elle ait la foi ; mais rappelez-vous qu'une esclave fidèle vaut mieux qu'une femme libre infidèle, lors même que celle-ci vous plairait davantage.

Ne donnez point vos filles aux hommes idolâtres, jusqu'à ce qu'ils aient la foi ; mais rappelez-vous qu'un esclave fidèle vaut mieux qu'un incrédule, lors même que celui-ci serait plus aimable.

Séparez-vous de vos épouses durant leurs époques et ne vous en approchez que quand elles seront purifiées. Lorsqu'elles se seront lavées de cette tache, allez à elles comme vous l'ordonne Dieu.

Vos femmes sont votre champ. Cultivez-le toutes les fois qu'il vous plaira.

Ceux qui jureront de n'avoir point de commerce

avec leurs femmes, auront un délai de quatre mois pour se réconcilier avec elles. Passé ce terme, ils seront obligés de les répudier.

Les femmes répudiées laisseront écouler trois mois avant de se remarier. Elles ne pourront cacher qu'elles sont enceintes, si elles croient en Dieu et au jour du jugement. Il est plus équitable alors que le mari les reprenne, s'il désire une sincère réconciliation.

Les femmes doivent se comporter avec décence et reconnaître la prééminence des maris sur elles.

Celui qui répudiera trois fois une femme, ne pourra la reprendre qu'après qu'elle aura passé dans la couche d'un autre époux, qui, à son tour, l'aura répudiée.

Le désir d'épouser une femme, soit que vous le fassiez paraître, soit que vous le receliez dans vos cœurs, ne vous rendra pas coupable devant Dieu. Il sait que vous ne pouvez pas ne pas songer aux femmes; mais ne leur promettez rien en secret, à moins que l'honnêteté de vos discours ne voile votre amour.

Si quelqu'une de vos femmes a commis l'adultère, appelez quatre témoins. Si leurs témoignages se réunissent contre elle, enfermez-la dans votre maison, jusqu'à ce que la mort termine sa carrière.

Imposez une peine à l'homme et à la femme libres surpris dans le crime; et si, touchés de repentir, ils se corrigent, pardonnez-leur.

N'épousez pas les femmes qui ont été les épouses

de vos pères. C'est un crime; c'est le chemin de la perdition. Pourtant, le mal une fois accompli, gardez-les.

Vous ne devez épouser ni vos mères, ni vos filles, ni vos sœurs, ni vos tantes, ni vos nièces, ni vos nourrices, ni vos sœurs de lait, ni vos grand'mères, ni les filles de vos femmes, à moins que vous n'ayez pas habité avec leurs mères, ni vos belles-sœurs, ni vos sœurs. Si le crime est commis, le Seigneur est indulgent et miséricordieux.

Vous ne pouvez épouser les **femmes mariées** libres, à moins que le sort des armes ne les ai fait tomber **entre vos mains.**

Employez vos richesses à vous procurer des épouses chastes et vertueuses. Évitez la débauche. Donnez à celles dont vous avez joui la dot promise, suivant la loi. Cet engagement accompli, tous les accords que vous passerez ensemble seront licites.

Celui qui ne sera pas assez riche pour épouser des femmes libres, prendra pour épouses des esclaves fidèles. N'épousez les esclaves qu'avec la permission de leurs maîtres. Dotez-les avec équité. Qu'elles soient chastes, qu'elles craignent l'impureté, et qu'elles n'aient pas d'amants.

Si, après le mariage, les esclaves se livrent à la débauche, qu'on leur inflige la moitié de la peine prononcée contre les femmes libres, à savoir vingt-cinq coups de fouet et trois mois d'exil.

Les hommes sont supérieurs aux femmes, parce que Dieu leur a donné la prééminence sur elles, et qu'ils les dotent de leurs biens. Les femmes doivent obéissance à leurs époux et taire leurs secrets, puisque le ciel les a confiées à la garde de l'homme. Ceux qui ont à souffrir de la désobéissance de leurs femmes, peuvent les punir, les laisser seules sur leur couche, et au besoin les frapper.

Si la dureté et l'avarice du mari faisaient craindre à la femme d'être répudiée, celle-ci doit s'efforcer de le ramener à la douceur. La réconciliation est le parti le plus sage.

Tu ne pourras, malgré tes efforts, avoir un égal amour pour tes femmes ; mais tu ne feras pencher la balance d'aucun côté, tu la laisseras en équilibre.

Les impudiques des deux sexes seront punis de cent coups de fouet. Quelques fidèles seront témoins de leur châtiment.

Un homme débauché ne pourra épouser qu'une femme de son espèce ou une idolâtre. Une fille débauchée ne se mariera qu'à un impudique ou un idolâtre.

Celui qui accusera d'adultère une femme vertueuse, sans pouvoir produire quatre témoins, sera puni de quatre-vingts coups de fouet. Déclaré infâme, il ne sera plus reçu en témoignage.

Que les femmes baissent les yeux, conservent et ne montrent de leurs corps que ce qui doit se révéler. Qu'elles aient la gorge couverte. Qu'elles ne laissent voir leurs visages qu'à leurs maris, leurs pères, leurs grands-pères, leurs enfants, aux enfants de leurs maris, à leurs frères, leurs neveux, leurs femmes, leurs esclaves, leurs serviteurs, aux enfants qui ne savent pas ce qu'on doit couvrir. Qu'elles n'agitent point les pieds de manière à laisser voir les charmes qui doivent être voilés.

Attendez trois mois avant de répudier les femmes qui désespèrent d'avoir leurs époques. Usez-en de même à l'égard de celles qui ne les ont point encore eues. Gardez celles qui sont enceintes, jusqu'à ce qu'elles aient mis leur fruit au jour.

Laissez aux femmes que vous devez répudier un asile dans vos maisons. Ne leur faites aucune violence pour les loger à l'étroit. Accordez à celles qui sont enceintes tous les soins nécessaires pendant le temps de leur grossesse.

II

A MAHOMET

O prophète ! il t'est permis d'épouser les femmes que tu auras dotées, les captives que Dieu a fait tomber entre tes mains, les filles de tes oncles et de tes tantes qui ont pris la fuite avec toi, et toute femme fidèle qui te livrera son cœur.

Ne crains point d'être coupable en usant de tes droits. Tu peux, au gré de tes désirs, accorder ou refuser tes embrassements à tes femmes. Tu peux recevoir dans ta couche celle que tu en avais rejetée, afin de ramener la joie dans un cœur rempli de tristesse. Ta volonté sera la loi de tes femmes : elles s'y conformeront.

Tu n'ajouteras pas au nombre actuel de tes neuf femmes; tu ne pourras pas les changer contre d'autres dont la beauté t'aurait frappé; mais la fréquentation de tes femmes esclaves t'est toujours permise.

Si un croyant a quelque demande à adresser à tes femmes, qu'il le fasse à travers un voile; c'est ainsi que leurs cœurs se conserveront dans la pureté.

Un croyant n'épousera jamais les femmes avec qui tu auras eu commerce : ce serait un crime aux yeux de l'Éternel.

Prescris à tes épouses, à tes filles, aux femmes des croyants, d'abaisser un voile sur leur visage. Il sera la marque de leur vertu, et un frein contre les médisances du public.

CONTES ARABES

I

LA FIDÉLITÉ DES FEMMES

Les chroniques des Sassaniens, anciens rois de
Perse, qui avaient étendu leur empire dans les Indes,
dans les grandes et petites îles qui en dépendent, et
bien loin au delà du Gange, jusqu'à la Chine, rap-
portent qu'il y avait autrefois un roi de cette puissante maison qui était le plus excellent prince de son
temps. Il avait deux fils ; l'aîné, appelé Schahriar ; le
cadet, nommé Schahzenan.

Après un règne aussi long que glorieux, ce roi
mourut, et Schahriar monta sur le trône. Par un
excès d'amitié, voulant partager avec son frère ses
États, il lui donna le royaume de la Grande-Tartarie. Schahzenan alla bientôt en prendre possession,
et établit son séjour à Samarcande, qui en était la
capitale.

Il y avait dix ans déjà que ces deux rois étaient séparés, lorsque Schahriar, souhaitant passionnément de revoir son frère, résolut de lui envoyer un ambassadeur pour l'inviter à le venir voir. Il choisit pour cette ambassade son grand-vizir, qui partit avec une suite conforme à sa dignité, et fit toute la diligence possible.

Schahzenan, se disposant à partir, régla les affaires les plus pressantes, établit un conseil pour gouverner son royaume pendant son absence, et mit à la tête de ce conseil un ministre dont la sagesse lui était connue et en qui il avait une entière confiance. Au bout de dix jours, ses équipages étant prêts, il dit adieu à la reine, sa femme, sortit sur le soir de Samarcande, et, suivi des officiers qui devaient être du voyage, il se rendit au pavillon royal qu'il avait fait dresser auprès des tentes du vizir. Il s'entretint avec cet ambassadeur jusqu'à minuit. Alors, voulant encore une fois embrasser la reine, qu'il aimait beaucoup, il retourna seul dans son palais. Il alla droit à l'appartement de cette princesse, qui, ne s'attendant pas à le revoir, avait reçu dans son lit un des derniers officiers de sa maison. Il y avait déjà longtemps qu'ils étaient couchés, et ils dormaient tous deux d'un profond sommeil.

Le roi entra sans bruit, se faisant un plaisir de surprendre, par son retour, son épouse dont il se croyait tendrement aimé. Mais quelle fut sa surprise, lorsqu'à la clarté des flambeaux, qui ne s'éteignent jamais, la nuit, dans les appartements des princes et

des princesses, il aperçut un homme dans ses bras !
Il demeura immobile durant quelques moments, ne
sachant s'il devait croire ses yeux. Mais, n'en pouvant douter : « Quoi ! se dit-il à lui-même, je suis à
peine hors de mon palais, je suis encore sous les
murs de Samarcande, et l'on m'ose outrager ! Ah !
perfide ! votre crime ne sera pas impuni. Comme roi,
je dois punir les forfaits qui se commettent dans mes
États ; comme époux offensé, il faut que je vous im-
mole à mon juste ressentiment ! »

Enfin ce malheureux prince, cédant à son premier
transport, tira son sabre, s'approcha du lit, et d'un
seul coup fit passer les coupables du sommeil à la
mort. Ensuite les prenant l'un après l'autre, il les
jeta par une fenêtre dans le fossé du palais.

S'étant vengé de cette sorte, il sortit de la ville
comme il y était venu, et se retira sous son pavillon.
Il n'y fut pas plus tôt arrivé, que, sans parler à personne de ce qu'il venait de faire, il ordonna de plier
les tentes et de partir.

Lorsqu'il fut près de la capitale des Indes, il vit
venir au-devant de lui son frère, le sultan Schahriar
avec toute sa cour. Quelle joie pour ces princes de se
revoir ! Le sultan conduisit le roi son frère jusqu'au
palais qu'il lui avait fait préparer. Ce palais commu-
niquait avec le sien par un même jardin ; il était d'autant plus magnifique, qu'il était consacré aux fêtes
et aux divertissements de la cour.

Un jour, Schahriar ayant ordonné une chasse à
deux jours de sa capitale, dans un pays où il y avait

beaucoup de cerfs, Schahzenan le pria de le dispenser de l'accompagner, disant que l'état de sa santé ne lui permettait pas d'être de la partie. Le sultan ne voulut pas le contraindre, le laissa en liberté, et partit avec toute sa cour pour aller prendre ce divertissement. Après son départ, le roi de la Grande-Tartarie, se voyant seul, s'enferma dans son appartement. Il s'assit à une fenêtre qui avait vue sur le jardin mitoyen. Ce beau lieu et le ramage d'une infinité d'oiseaux qui y faisaient leur retraite, lui auraient donné du plaisir, s'il eût été capable d'en ressentir; mais, toujours déchiré par le funeste souvenir de l'action infâme de la reine, il arrêtait moins souvent ses yeux sur le jardin, qu'il ne les levait au ciel pour se plaindre de son malheureux sort.

Néanmoins, quelque occupé qu'il fût de ses ennuis, il ne laissa pas d'apercevoir un objet qui attira toute son attention. Une porte secrète du palais du sultan s'ouvrit tout à coup, et il en sortit vingt femmes, au milieu desquelles marchait la sultane d'un air qui la faisait aisément distinguer. Cette princesse, croyant que le roi de la Grande-Tartarie était aussi à la chasse, s'avança avec fermeté jusque sous les fenêtres de l'appartement de ce prince, qui, voulant par curiosité l'observer, se plaça de manière à tout voir sans être vu.

Schahzenan remarqua que les personnes qui accompagnaient la sultane, pour bannir toute contrainte, se découvrirent le visage qu'elles avaient eu couvert jusqu'alors, et quittèrent de longs habits qu'elles portaient par-dessus d'autres plus courts. Mais il fut très étonné de voir que, dans cette compagnie, qui lui avait semblé toute composée de femmes, il y avait dix noirs, qui prirent chacun leur maîtresse. La sultane, de son côté, ne demeura pas longtemps sans amant; elle frappa des mains en criant : « Masour ! Masour ! » Et aussitôt un autre noir descendit du haut d'un arbre et courut à elle avec beaucoup d'empressement.

Schahzenan en vit assez pour juger que son frère n'était pas moins à plaindre que lui. Les plaisirs de cette troupe amoureuse durèrent jusqu'à minuit. Ils se baignèrent tous ensemble dans une grande pièce d'eau, qui faisait un des plus grands ornements du jardin; après quoi, ayant repris leurs habits, ils rentrèrent par la porte secrète dans le palais du sultan; et Masour, qui était venu du dehors par-dessus la muraille du jardin s'en retourna par le même endroit.

Comme toutes ces choses s'étaient passées sous les yeux du roi de la Grande-Tartarie, elles lui donnèrent lieu de faire une infinité de réflexions : « Que j'avais peu de raison, dit-il, de croire que mon malheur était si singulier ! C'est sans doute l'inévitable destinée de tous les maris, puisque le sultan mon frère, le souverain de tant d'États, le plus grand prince du monde, n'a pu l'éviter. Cela étant, quelle faiblesse de me laisser consumer de chagrin ! C'en est fait, le souvenir d'un malheur si commun ne troublera plus désormais le repos de ma vie ! »

Les jours suivants, il fut de très bonne humeur; et, lorsqu'il sut que le sultan était de retour, il alla au-devant de lui, et lui parla sur un ton enjoué. Comme il n'avait plus de chagrin qui l'empêchât de faire paraître combien il avait d'esprit, il dit mille choses agréables et plaisantes.

Le sultan, qui s'était attendu à le retrouver dans le même état où il l'avait laissé, fut ravi de le voir si gai. « Dites-moi, de grâce, pourquoi vous étiez si triste, et pourquoi vous ne l'êtes plus ! »

Schahzenan lui raconta l'infidélité de la reine de Samarcande.

« O Ciel ! dit Schahriar, quelle aventure ! Non, je crois qu'il n'en est jamais arrivé de semblable à personne qu'à vous. Mais enfin il faut louer Dieu de ce qu'il vous a donné de la consolation ; et comme je ne doute pas qu'elle ne soit bien fondée, ayez encore la complaisance de m'en instruire, et faites-moi la confidence entière. »

Schahzenan fit plus de difficultés sur ce point que sur le précédent, à cause de l'intérêt que son frère y avait ; mais il fallut céder à ses nouvelles instances. Il fit alors le détail de tout ce qu'il avait vu du déguisement des noirs, des déportements de la sultane et de ses femmes, et il n'oublia pas Masour. « Après avoir été témoin de ces infamies, continua-t-il, je pensai que toutes les femmes y étaient naturellement portées, et qu'elles ne pouvaient résister à leur penchant. Prévenu de cette opinion, il me parut que c'était une grande faiblesse à un homme d'attacher son repos à leur fidélité. Cette réflexion m'en fit faire beaucoup d'autres; et enfin je jugeai que je ne pouvais prendre un meilleur parti que de me consoler. Il m'en a coûté quelques efforts, mais j'en suis venu à bout; et, si vous m'en croyez, vous suivrez mon exemple. »

Quoique ce conseil fût judicieux, le sultan ne put le goûter. « Quoi! dit-il, la sultane des Indes est capable de se prostituer d'une manière si indigne! Non, mon frère, ajouta-t-il, je ne puis croire ce que vous me dites, si je ne le vois de mes propres yeux! »

« Mon frère, répondit Schahzenan, si vous voulez en être témoin, cela n'est pas fort difficile; vous n'avez qu'à faire une nouvelle partie de chasse; quand nous serons hors de la ville avec votre cour et la maison, nous nous arrêterons sous nos pavillons, et la nuit nous reviendrons tous deux seuls dans mon appartement. Je suis assuré que le lendemain vous verrez ce que j'ai vu! »

Le sultan approuva le stratagème, et ordonna aussitôt une nouvelle chasse.

Le jour suivant, les deux princes partirent avec toute leur suite. Ils arrivèrent où ils devaient camper, et ils y demeurèrent jusqu'à la nuit. Alors Schahriar appela son grand-vizir; et, sans lui découvrir son dessein, lui commanda de tenir sa place pendant son absence, et de ne pas permettre que personne sortît du camp, pour quelque sujet que ce pût être. Dès qu'il eut donné cet ordre, le roi de la Grande-Tartarie

3.

et lui montèrent à cheval, passèrent incognito au travers du camp, rentrèrent dans la ville, et se rendirent au palais qu'occupait Schahzenan. Ils se couchèrent; et le lendemain de bon matin, ils s'allèrent placer à la même fenêtre d'où le roi de Tartarie avait vu la scène des noirs.

La porte secrète s'ouvrit enfin; et la sultane parut avec ses femmes et les dix noirs déguisés; elle appela Masour; et le sultan en vit plus qu'il n'en fallait pour être pleinement convaincu de sa honte et de son malheur. « O Dieu ! s'écria-t-il, quelle indignité ! quelle horreur ! L'épouse d'un souverain tel que moi peut-elle être capable de cette infamie ? Après cela, quel prince osera se vanter d'être parfaitement heureux ? Ah ! mon frère, poursuivit-il en embrassant le roi de Tartarie, renonçons tous deux au monde : la bonne foi en est bannie; s'il flatte d'un côté, il trahit de l'autre. Allons dans les royaumes étrangers traîner une vie obscure et cacher notre infortune. »

« Mon frère, dit Schahzenan, je n'ai d'autre volonté que la vôtre; je suis prêt à vous suivre partout où il vous plaira ; mais promettez-moi que nous reviendrons, si nous pouvons rencontrer quelqu'un qui soit plus malheureux que nous. »

« Je vous le promets, répondit le sultan ; mais je doute fort que nous trouvions personne qui le puisse être. »

En disant ces mots, ils sortirent secrètement du palais, et prirent un autre chemin que celui par où

ils étaient venus. Ils marchèrent tant qu'ils eurent du
jour assez pour se conduire, et passèrent la première
nuit sous des arbres. S'étant levés dès le point du
jour, ils continuèrent leur marche jusqu'à ce qu'ils
arrivèrent à une belle prairie, sur le bord de la mer,
où il y avait, d'espace en espace, de grands arbres
fort touffus.

Ils s'assirent sous un de ces arbres pour se délasser
et y prendre le frais. L'infidélité des princesses, leurs
femmes, fit le sujet de leur conversation.

Il n'y avait pas longtemps qu'ils s'entretenaient,
lorsqu'ils entendirent, assez près d'eux, un bruit
horrible du côté de la mer, et un cri effroyable qui
les remplit de crainte. Alors la mer s'ouvrit, et il
s'en éleva comme une grosse colonne noire qui semblait se perdre dans les nues. Cet objet redoubla
leur frayeur; ils se levèrent promptement et montèrent au haut de l'arbre qui leur parut le plus propre
à les cacher. Ils y furent à peine montés que, regardant vers l'endroit d'où venait le bruit et où la mer
s'était entr'ouverte, ils remarquèrent que la colonne
noire s'avançait vers le rivage en fendant l'eau ; ils
ne purent dans le moment démêler ce que ce pouvait être, mais ils en furent bientôt éclairés.

C'était un de ces génies malins et malfaisants,
qui sont les ennemis mortels de l'homme. Il était
noir et hideux, avait la forme d'un géant d'une hauteur prodigieuse, et portait sur sa tête une grande
caisse de verre, fermée à quatre serrures d'acier fin.
Il entra dans la prairie avec sa charge, qu'il vint dépo-

ser justement au pied de l'arbre où ils se trouvaient ;
ils se crurent perdus.

Cependant le génie s'assit auprès de la caisse, et,
l'ayant ouverte avec quatre clefs attachées à sa ceinture, il en sortit une dame très richement habillée,
d'une taille majestueuse et d'une beauté parfaite.
Le monstre la fit asseoir à ses côtés, et, la regardant
amoureusement : « Dame, dit-il, la plus accomplie
de toutes les dames qui sont admirées pour leur
beauté, charmante personne, vous que j'ai enlevée le
jour de vos noces, et que j'ai toujours aimée depuis
avec constance, vous voudrez bien que je dorme
quelque moment près de vous ; le sommeil dont je me
sens accablé m'a fait venir en cet endroit pour
prendre un peu de repos. »

En disant cela, il laissa tomber sa grosse tête sur
les genoux de la dame ; ensuite, ayant allongé les
pieds, il ne tarda pas à s'endormir, et il ronfla bientôt
de manière à faire retentir le rivage.

La dame alors leva les yeux, par hasard, et, apercevant les princes en haut de l'arbre elle leur fit
signe de la main de descendre sans faire de bruit.
Leur frayeur fut extrême, quand ils se virent décou-
verts. Par signes, ils supplièrent la dame de les dispenser de lui obéir ; mais elle, après avoir ôté doucement de dessus ses genoux la tête du génie, et
l'avoir posée légèrement à terre, se leva et leur dit
d'un ton de voix bas, mais animé : « Descendez, il
faut absolument que vous veniez à moi ! »

Vainement ils essayèrent de lui faire comprendre

par leurs gestes qu'ils craignaient le génie : « Descendez, leur répliqua-t-elle sur le même ton; si vous ne vous hâtez de m'obéir, je vais l'éveiller, et je lui demanderai moi-même votre mort. »

Ces paroles intimidèrent tellement les princes, qu'ils se mirent en voie de descendre avec toutes les précautions possibles pour ne pas réveiller le génie. Lorsqu'ils furent en bas, la dame les prit par la main, et, s'étant un peu éloignée avec eux sous les arbres, elle leur fit librement une proposition amoureuse. Les princes la rejetèrent d'abord ; mais elle les obligea, par de nouvelles menaces, à l'accepter.

Après avoir obtenu d'eux ce qu'elle souhaitait, ayant remarqué qu'ils avaient chacun une bague au doigt, elle les leur demanda. Sitôt qu'elle les eut entre les mains, elle alla tirer une boîte du paquet qui renfermait sa toilette ; elle prit un fil garni d'autres bagues de toutes sortes, et, les leur montrant : « Savez-vous bien, dit-elle, ce que signifient ces bijoux ? — Non, répondirent-ils. — Ce sont, reprit-elle, les bagues de tous les hommes à qui j'ai fait part de mes faveurs. Il y en a quatre-vingt-dix-huit bien comptées, que je garde en souvenir d'eux. Je vous ai demandé les vôtres pour la même raison, et afin d'avoir la centaine toute ronde. Voilà donc cent amants que j'ai eus jusqu'à ce jour, malgré la vigilance et les précautions de ce vilain génie, qui ne me quitte pas. Il a beau m'enfermer dans cette caisse de verre, et me tenir cachée au fond de la mer, je ne laisse pas de déjouer son plan. Vous voyez par là que, quand une femme a formé un projet, il n'y a point de mari ni d'amant qui puisse en empêcher l'exécution. Les hommes feraient mieux de ne pas contraindre les femmes, ce serait le moyen de les rendre plus sages. »

La dame leur ayant parlé de la sorte, passa leurs bagues dans le fil où étaient passées les autres. Elle s'assit ensuite comme auparavant, souleva la tête du génie, qui ne se réveilla point, la remit sur ses genoux, et fit signe aux princes de se retirer.

Ceux-ci reprirent le chemin par où ils étaient venus ; et, lorsqu'ils eurent perdu de vue la dame et le génie, Schahriar dit à Schahzenan : « Eh bien ! mon frère, que pensez-vous de l'aventure qui vient de nous arriver ? Le génie n'a-t-il pas une maîtresse bien fidèle? Et ne convenez-vous pas que rien n'est égal à la malice des femmes? — Oui, mon frère, répondit le roi de la Grande-Tartarie. Et vous devez aussi demeurer d'accord que le génie est plus à plaindre et plus malheureux que nous. C'est pourquoi, puisque nous avons trouvé ce que nous cherchions, retournons dans nos États, et que cela ne nous empêche pas de nous marier ! »

II

LES FEMMES ET LA JALOUSIE

Dans un grand salon, étaient assises quarante jeunes dames d'une beauté si parfaite, que l'imagination même ne saurait les concevoir plus belles. Elles étaient habillées magnifiquement. Dès qu'elles m'aperçurent, elles se levèrent, et, sans attendre mes compliments, me dirent avec de grandes démonstrations de joie :

— Brave seigneur, soyez le bienvenu !

Et l'une d'elles prenant la parole pour les autres :

— Il y a longtemps, dit-elle, que nous attendions un cavalier comme vous. Votre air nous marque assez que vous avez toutes les bonnes qualités que nous pouvons souhaiter, et nous espérons que vous ne trouverez pas notre compagnie désagréable et indigne de vous.

Après beaucoup de résistance de ma part, elles me forcèrent de m'asseoir dans une place un peu au-dessus des leurs ; comme je témoignais que cela me faisait de la peine :

— C'est votre place, me dirent-elles ; vous êtes dès ce moment notre seigneur, notre maître et notre juge, et nous sommes vos esclaves, prêtes à recevoir vos commandements.

L'une apporta de l'eau chaude, et me lava les pieds ; une autre me versa de l'eau parfumée sur les mains ; celles-ci apportèrent tout ce qui était nécessaire pour me changer d'habillement ; celles-là me servirent une collation magnifique ; d'autres enfin se présentèrent le verre à la main, prêtes à me verser d'un vin délicieux ; et tout cela s'exécutait sans confusion, avec un ordre, un ensemble admirable et des manières dont j'étais charmé. Je bus et mangeai. Après quoi toutes les dames s'étant placées autour de moi, me demandèrent une relation de mon voyage. Je leur fis le récit de mes aventures, qui dura jusqu'à la tombée de la nuit.

Alors une des dames prenant la parole, me dit :

— Vous êtes fatigué de la route que vous avez faite aujourd'hui, il est temps que vous vous reposiez. Votre appartement est préparé ; mais avant de vous y retirer, choisissez de nous toutes celle qui vous plaira davantage, et menez-la reposer avec vous.

Je répondis que je me garderais bien de faire le choix qu'elles me proposaient, qu'elles étaient toutes également belles, spirituelles, dignes de mes respects et de mes services, et que je ne commettrais pas l'incivilité d'en préférer une aux autres. La dame, qui m'avait parlé, reprit :

— Nous sommes très persuadées de votre honnêteté, et nous voyons bien que la crainte de faire naître de la jalousie entre nous vous retient ; mais que cette discrétion ne vous arrête pas ; nous vous avertissons que le bonheur de celle que vous choisirez ne fera point de jalouses ; car nous sommes convenues que, tous les jours, nous aurons l'une après l'autre le même bonheur, et qu'au bout de quarante jours, ce sera à recommencer. Choisissez donc librement, et ne perdez pas un temps que vous devez donner au repos dont vous avez besoin.

Il fallut céder à leurs instances ; je présentai la main à la dame qui portait la parole pour les autres. Elle me donna la sienne, et on nous conduisit à un appartement magnifique. On nous y laissa seuls, et les autres dames se retirèrent dans les leurs.

J'avais à peine achevé de m'habiller, le lendemain, que les trente-neuf autres dames vinrent dans mon appartement toutes parées autrement que le jour précédent. Elles me souhaitèrent le bonjour, et me demandèrent des nouvelles de ma santé.

Ensuite elles me conduisirent au bain, où elles me lavèrent elles-mêmes, et me rendirent malgré moi tous les services qui étaient de saison. Lorsque j'en sortis, elles me firent prendre un autre habit qui était encore plus magnifique que le premier.

Nous passâmes la journée presque entière à table; et, quand l'heure de se coucher fut venue, elles me prièrent encore de choisir une d'entre elles pour me tenir compagnie. Je passai ainsi l'année entière avec les quarante femmes, les recevant dans mon lit à tour de rôle, et, pendant tout ce temps-là cette vie voluptueuse ne fut point interrompue par le moindre chagrin.

III

COQUETTERIE FÉMININE

Un mois après mon mariage, ayant besoin de quelques étoffes, je demandai à mon mari la permission de sortir pour faire cette emplette. Il me l'accorda, et je pris pour m'accompagner une vieille dame, qui était de la maison, et deux de mes femmes esclaves. Quand nous fûmes dans la rue des marchands, la vieille dame me dit :

— Ma bonne maîtresse, puisque nous cherchons des étoffes de soie, il faut que je vous mène chez un jeune marchand que je connais ici; il en a de toutes les sortes ; et sans vous fatiguer à courir de boutique en boutique, je puis vous assurer que vous trouverez chez lui ce que vous ne trouveriez pas ailleurs.

Je me laissai conduire, et nous entrâmes dans la boutique d'un jeune marchand assez bien fait. Je m'assis, et lui fis dire par la vieille dame de me montrer les plus belles étoffes de soie qu'il eût. La vieille dame voulait que je lui fisse la demande moi-même; mais je lui dis qu'une des conditions de mon mariage était de ne parler à aucun homme qu'à mon mari, et que je ne devais pas contrevenir à cet accord.

Le marchand me montra plusieurs étoffes, dont l'une m'ayant convenu plus que les autres, je lui fis demander combien il l'estimait. Il répondit à la vieille :

— Je ne la lui vendrai ni pour or ni pour argent; mais je lui en ferai présent, si elle veut bien me permettre de la baiser sur la joue.

J'ordonnai à la vieille de lui dire qu'il était bien hardi de me faire cette proposition. Mais, au lieu de m'obéir, elle me représenta que ce que le marchand demandait n'était pas une chose fort importante, qu'il ne s'agissait point de parler, mais seulement de présenter la joue, et que ce serait une affaire bientôt faite.

J'avais tant envie d'avoir l'étoffe, que je fus assez simple pour suivre ce conseil. La vieille dame et mes femmes se mirent devant, afin qu'on ne me vît pas, et je me dévoilai. Mais, au lieu de me donner un baiser, le marchand me mordit jusqu'au sang.

La douleur et la surprise furent telles que je tombai évanouie, et je demeurai un assez long temps en cet état, pour donner au marchand celui de fermer sa boutique et de prendre la fuite. Lorsque je fus revenue à moi, je me sentis la joue tout ensanglantée. La vieille dame et mes femmes avaient eu soin de la couvrir de mon voile, afin que le monde, qui était accouru, ne s'aperçût de rien et crût que ce n'était qu'une faiblesse qui m'avait prise.

KALIDASA

Tandis que Virgile et Horace chantaient à Rome, Kalidasa donnait à l'Inde ses deux plus beaux poèmes : Sakountala et Urvasi.

Nous n'avons rien, dans la littérature classique, de comparable à ces deux poèmes. L'Inde est originale dans ses arts comme dans ses mœurs, dans sa flore comme dans ses conceptions philosophiques.

Kalidasa vivait à la cour brillante de Vikramaditya.

Si nous ne savons rien de spécial sur sa vie, la tendresse et la mélancolie qui règnent dans tous ses écrits, laissent assez supposer qu'il est de cette classe de poètes parmi lesquels nous comptons Lamartine et Musset. Certaines envolées rappellent aussi la manière de Victor Hugo.

Certes le Tableau des amours du roi Agrivarna *est un véritable rêve de volupté ! Mais comme il se distingue de la brutalité des Romains ! Un goût parfait, ce goût qui est la caractéristique des œuvres de génie, préside à tous les détails de ce chant d'amour, où la nature elle-même, pour mieux s'harmoniser avec la passion des person-*

nages, se fait voluptueuse et s'enveloppe de parfums.

Quant au drame de Sakountala, c'est l'œuvre la plus sentimentale, la plus mélancolique, la plus merveilleuse qu'ait produite l'Inde, qui, pourtant, fut fertile en œuvres remarquables. Rien n'y choque un lecteur moderne. Bien mieux, le merveilleux y prend un air de vérité qu'on ne retrouve nulle part ailleurs, qu'on ne retrouve surtout pas dans les Mille et une Nuits.

LES AMOURS DU ROI AGRIVARNA

RAGHOU-YANCA

I

Après avoir tenu, pendant quelques années, les rênes de l'État, Agrivarna, l'impudique, les abandonna à ses ministres et se livra tout entier aux femmes luxurieuses.

Dans le palais, où toujours résonnait le tambourin, et où la fête du lendemain l'emportait sur celle de la veille, le roi, incapable de se soustraire un instant à la volupté, se livrait jour et nuit aux caresses des femmes.

Il possédait des étangs de lotus, que ses folâtres concubines faisaient frémir des palpitations de leurs seins dressés comme des piques, et des retraites pour le plaisir, qui se dérobaient sous les fleurs.

Féru d'amour, il se plongeait dans l'onde ; et ses femmes, sans fard ni voile, par des mouvements gracieux et lascifs stimulaient son désir. Puis il s'égarait avec elles dans des lieux enchanteurs où coulait à flots un vin généreux. Et, tandis qu'il reposait, une concubine à la voix douce et aux yeux charmants le berçait aux sons enchanteurs de la lyre.

Puis, s'emparant lui-même d'un tambourin, il agitait ses guirlandes et ses bracelets, car il était habile musicien et connaissait l'art de charmer les âmes. S'il jouait, les danseurs oubliaient leur jeu, et c'était le moment où son baiser caressait leurs joues et où le souffle de sa bouche parfumait leurs lèvres.

Que de fois, dans leur colère, ses maîtresses trahies ne le lièrent-elles pas avec leurs ceintures, le menaçant du doigt, l'œil en feu et les sourcils froncés ? Follement éprises, jalouses à l'excès, les reines profitaient des fêtes pour lui faire l'offrande de leur corps.

Lui-même posait le fard sur le pied de ses femmes, et tandis qu'il les servait, il admirait et la jambe aux lignes pures et les charmes qui s'entrevoyaient sous la ceinture relâchée et la robe défaite.

Quand, d'aventure, des obstacles s'opposaient à ses manèges amoureux ; quand une lèvre échappait à son baiser ; quand une main pudique retenait une ceinture prête à se dénouer, le roi Agrivarna sentait dans son âme grandir d'autant ses désirs voluptueux.

Fatiguées du plaisir, ses épouses s'endormaient sur sa poitrine puissante, et leurs seins arrondis en effaçaient l'onguent du sandal. Mais, laissait-il, dans un rêve, échapper le nom d'une femme, les autres en chœur mouillaient sa couche de leurs larmes de dépit et leurs bracelets s'entrechoquaient à se briser. S'il essayait de leur échapper pour un rendez-vous nocturne, vite ses femmes aux aguets le ramenaient en arrière, lui reprochant de porter ailleurs ce qui leur appartenait de droit.

Quand il se levait de sa couche, ses amantes, enlaçant son cou de leurs bras, pressant de la plante de leurs pieds les bouts de ses orteils, le forçaient à leur donner le baiser d'adieu. Et l'on devinait à l'onguent de sandal, au rouge de laque, aux ceintures brisées, aux bouquets effeuillés, toute la fougue de sa folie amoureuse.

Et ses autres maîtresses accouraient, en colère ; mais en vain, joignant les mains, cherchait-il à les apaiser ; son impuissance attirait leurs désirs. Alors, sous prétexte d'affaires avec un ami, il tentait de s'éloigner ; mais elles le prenaient par les cheveux et l'arrêtaient en criant : « Traître ! cet ami est une femme, et ta fuite n'est qu'une ruse ! »

Pourtant, s'il parvenait à se dérober, des compagnes discrètes le menaient, à travers champs, vers des berceaux cachés sous le mystère des lianes. Là, sur des lits de fleurs, il goûtait la volupté dans les bras d'une confidente sans fard.

Durant la saison chaude, il passait la nuit sur la terrasse de son palais, dans la douce clarté de la lune qui dissipe les fatigues de la volupté. Alors ses femmes, au voile transparent, à la taille souple, à la ceinture d'or, charmaient son repos. Toutes blanches et la voix mélodieuse, elles l'enivraient du parfum léger de l'encens et de l'aloès.

Monarque puissant, roi redouté de ses voisins, Agrivarna ne sut jamais se vaincre lui-même. Quand il sentit que le mal avait envahi sa poitrine, il ne voulut pas d'autre médecin que ses femmes : frappé mortellement dans leurs bras, il voulut aussi y finir ses jours.

Et il s'éteignit comme une lampe vidée, sans fils, dans les embrassements de ses maîtresses éplorées.

SAKOUNTALA

I

PREMIÈRE RENCONTRE DU ROI ET DE SAKOUNTALA

Sakountala. — Ah ! que me veut cette abeille qui tourne autour de mon visage ? Parce qu'elle a reçu une goutelette d'eau, elle a abandonné ce bouton de jasmin et m'attaque avec colère !

Le roi (*à part, caché derrière les arbres*). — Chère

abeille ! Souvent tu frôles de tes ailes les paupières et les cils de l'enfant, et tu susurres à son oreille, comme si tu avais à lui révéler quelque secret ! Certes, Sakountala se défend de ses doigts, mais tu t'abreuves à ses lèvres qui distillent tous les parfums ! Tandis que je poursuis le vrai, et que je me sens le plus malheureux des hommes, toi, chère abeille, tu tiens la suprême vérité, et ton bonheur est parfait ! Tout, dans cette jeune fille, est charmant, même les expressions de sa crainte. La bestiole tourne autour de l'enfant, qui la suit de son regard enchanteur.

Sakountala. — La petite impudente ! Elle ne cessera pas ! Je vais me déplacer... Quoi ? Te voilà encore ? Anasuya ! Priyamvada ! mes chéries, au secours ! La méchante bestiole me fait violence !

Anasuya et Priyamvada (riant). — Que nous importe ! Appelle le roi, c'est le roi qui doit défendre la retraite des ermites.

Le roi (à part). — Ce serait le moment de me montrer... Mais non, on saurait que je suis le roi...

Sakountala. — Bon ! la voici encore !

Le roi (se montrant). — Qui donc, sous le règne d'un roi divin, ose troubler le repos des filles des ermites ?

Anasuya. — Ah ! Seigneur ! Il ne se passe rien d'insolite ici... Notre chère amie a été simplement attaquée par une abeille, et elle s'en est fort troublée !... Mais, comme vous voici, tout est pour le mieux ; car vous êtes un hôte charmant... Sakountala, cours à la tonnelle, et nous rapporte le vin d'honneur et des fruits.

LE ROI. — Non pas ! Nobles filles, vos paroles aimables suffisent à réconforter le passant.

PRIYAMVADA. — Alors, Seigneur, veuillez vous asseoir un instant sur ce banc : il est doucement ombragé. Reposez-vous de vos fatigues.

LE ROI. — En vérité, vous devez être fatiguées de même !

ANASUYA. — Sakountala ! ma chérie ! Il n'y a rien de répréhensible à prendre place à côté d'un hôte. Viens, asseyons-nous près de lui ! (*Ils s'assoient tous.*)

SAKOUNTALA (*à part*). — Depuis que j'ai vu cet homme, un sentiment, qui ne cadre pas avec les mœurs de cet ermitage, a pénétré dans mon cœur !

LE ROI (*les regardant toutes les trois*). — Même âge, même beauté, une véritable couronne de jolies femmes !

ANASUYA. — Seigneur, votre manière gracieuse de nous aborder inspire la confiance, et je me permets de vous parler sans détour. Quelle est la famille vertueuse et de sang royal qui se flatte de vous avoir donné le jour ? Quel est le pays qui pleure de vous savoir au loin ? Pourquoi êtes-vous venu jusque dans la retraite de quelques pauvres ermites ?

SAKOUNTALA (*à part*). — O mon cœur ! soutiens-toi ! Anasuya exprime mes propres pensées...

LE ROI (*à part*). — Quoi ? Puis-je me faire connaître ? Ne ferais-je pas mieux de cacher mon nom ?

(*Haut*) Nobles jeunes filles ! Le roi m'a confié la défense de ses lois... Je suis venu jusqu'ici afin de me rendre compte si vos sacrifices ne sont troublés par personne.

Les deux amies (*bas à Sakountala*). — Sakountala, si ton père était présent...

Sakountala, *impatiente*. — Eh! bien, qu'adviendrait-il ?

Les deux amies (*même jeu*). — Il chercherait à satisfaire un hôte aussi charmant, dût-il lui en coûter le meilleur de son bien.

Sakountala. — Méchantes ! Vous parlez par sous-entendus... Je ne veux pas que vous me parliez de cette sorte !

Le roi (*aux deux amies*). — Je veux, à mon tour, nobles femmes, vous adresser une question concernant votre amie. Le vénérable Kanva fit le vœu de chasteté : tout le monde le sait. Comment votre amie peut-elle être sa fille ?

Anasuya. — Seigneur, notre amie sort du sang royal de Kaucika. Lorsqu'elle se trouva abandonnée, le noble Kanva la recueillit auprès de lui et s'en fit le père nourricier.

Le roi. — « Abandonnée » dites-vous ? Ce mot excite ma curiosité : je voudrais en savoir davantage...

Anasuya. — Écoutez donc, Seigneur ! Un jour que le saint homme de sang royal procédait, en compagnie de Gautami, à des exercices de piété, les dieux dans leur crainte envoyèrent vers lui la nymphe Menaka, qui devait lui faire violer son vœu de chasteté.

Le roi. — En effet, les dieux redoutent chez l'homme une piété excessive.

Anasuya. — C'était l'époque où le printemps descend sur terre. Le pieux ermite vit apparaître devant ses yeux la nymphe aux formes séduisantes, et...

Le roi. — Après ?... Mais je comprends. Sakountala est la fille d'une nymphe !

Anasuya. — En vérité !

Le roi. — De fait, comment serait-il possible qu'une pareille beauté fût issue d'une femme mortelle ? Son regard ensoleillé ne saurait venir de la terre !

Sakountala *(elle incline sa tête en avant)*.

Le roi *(à part)*. — Mes désirs ont enfin un but !... Mais, hélas ! il me semble avoir compris que le cœur de Sakountala a parlé déjà... et mon âme indécise flotte entre l'espoir et la crainte...

Priyamvada *(elle considère en souriant Sakountala, puis se tourne vers le roi)*. — Seigneur, il me semble que vous désirez être renseigné davantage...

Sakountala *(elle fait un signe de mécontentement à son amie)*.

Le roi. — Vous m'avez deviné, noble dame ! Je voudrais connaître plus à fond votre existence bénie...

Priyamvada. — A votre service ! On peut à loisir interroger les filles des ermites.

Le roi. — C'est de votre amie qu'il s'agit. Le vœu

de chasteté, qui exclut tout sentiment amoureux, ne
doit-elle le garder que jusqu'au jour de son mariage?
Ou lui faut-il vivre jusqu'à la fin de sa vie en compagnie des gazelles, ses seules amours et dont les
yeux sont pareils aux siens ?

Priyamvada. — Seigneur, cette jeune fille n'a pas
la direction de sa vie. Toutefois, son père nourricier
a l'intention de la marier à un homme de son choix.

Le roi (*à part*). — Certes, mon désir a maintenant
un but. Donne libre cours, ô mon cœur, à tes sentiments ! Mon doute s'est évanoui ! Ce que tu pre-
nais, ici, pour un baiser inabordable, est un joyau
dont tu pourras approcher.

Sakountala (*simulant la colère*). — Anasuya ! Par-
tons !

Anasuya. — Pourquoi ?

Sakountala — Je veux dire à la vénérable Gautami que Priyamvada se permet des conversations
déplacées.

Anasuya. — Il serait malséant, mon amie, d'abandonner un hôte aussi aimable et d'obéir à un simple
caprice !

Sakountala (*elle se met en devoir de partir*).

Le roi (*il va pour l'arrêter, puis recule, — à part*).
— Hélas ! Chez l'homme enamouré tout sentiment
du cœur a un écho dans ses membres. Mon désir, en
effet, me poussait à suivre la fille de l'ermite, et
soudain la crainte a cloué mes pieds sur place. Sans
qu'ils aient bougé, il me semble qu'ils aient fait un
pas en avant et un autre en arrière.

Priyamvada (*retenant Sakountala*). — Écoute, il ne convient pas que tu t'en ailles.

Sakountala (*fronçant les sourcils*). — Et pourquoi pas ?

Priyamvada. — Tu dois encore arroser deux arbres. Tu ne pourras te retirer qu'après avoir fini ton travail. (*Elle la ramène en arrière.*)

Le roi. — Votre noble maîtresse paraît bien lasse déjà. Ses épaules s'inclinent et la paume de ses mains est toute rouge ; la cause en est la lourdeur des arrosoirs. Voyez comme sa respiration soulève tumultueusement sa gorge. Son visage est voilé de sueur; son oreille, douce comme le velouté de la fleur, est teintée d'écarlate ; et sa belle chevelure est complètement en désordre; le bandeau en est tombé et c'est en vain qu'elle essaie de le retenir de sa main. Permettez-moi donc de payer pour sa faute. (*Il donne une bague à Priyamvada, qui en lit les initiales et demeure confondue*). Oh ! n'y attachez aucune importance et ne vous demandez pas ce que je suis. C'est un cadeau du roi.

Priyamvada. — Mais alors vous ne pouvez pas vous en séparer. Dès lors que vous intervenez, Seigneur, en faveur de Sakountala, sa faute lui est remise... Ma chère Sakountala, tu es libre de par la volonté de ce Seigneur ou, si je puis dire, du roi... Va-t'en maintenant.

Sakountala (*à part*). — Puis-je m'en aller ?... (*Haut*) Es-tu donc en droit de me renvoyer ou de me retenir ?

Le roi (*à part*). — Éprouve-t-elle les mêmes sentiments que moi ? Oui, mon désir a trouvé un écho dans son cœur... Car, si elle ne répond pas à ma voix, du moins, lorsque je parle, elle me tend l'oreille. Certes, elle ne tourne pas le visage vers moi, et pourtant son regard se dirige sans cesse de mon côté.

Des voix derrière la scène. — Ermites, prenez garde ! Veillez sur les animaux de ce bois... La chasse du roi approche...

Le roi (*à part*). — Malédiction ! Ce sont les gens de la ville qui sortent à ma recherche ; ils envahissent le bois des ermites... Allons vite à leur rencontre.

Anasuya et Priyamvada. — Tout ce bruit nous fait peur, Seigneur, permettez-nous de nous retirer sous notre berceau de feuillage.

Le roi. — Allez, mes amies. Je veillerai à ce que le bois ne soit pas mis au pillage...

Anasuya et Priyamvada. — Nous nous sommes incomplètement acquittées de nos devoirs d'hospitalité... Une autre fois nous ferons mieux..... Nous sommes confuses de vous adresser cette invite...

Le roi. — Non pas ! La vue d'aussi jolies filles est pour moi la plus grande des satisfactions...

Sakountala (*restant en arrière*). — Anasuya ! Je me suis blessé le pied au piquant d'une plante, et mon fichu est resté accroché à une branche. Attendez donc que je sois délivrée... (*Elle détache son fichu lentement, tandis qu'elle considère le roi. Puis elle sort avec ses amies.*)

Le roi (*seul*). — Je ne désire plus retourner à la ville... Mais allons à la découverte de ma suite et campons non loin du bois des ermites... Non, je ne puis arracher mon âme au souvenir de Sakountala... Mon corps s'éloigne d'ici, mais mon cœur y reste après lui, semblable à la banderole de soie qu'on porte contre le vent!

II

DEUXIÈME RENCONTRE

Le roi (*caché sous un bosquet, pendant que Sakountala écrit des vers*). — En vérité, mes yeux ne sauraient se clore, à l'aspect de la bien-aimée... Tandis qu'elle transcrit ses vers, ses sourcils se relèvent et décrivent un arc; le fin duvet, qui met une ombre sur ses joues, révèle la passion qu'elle ressent pour moi...

Sakountala (*à Priyamvada*). — Écoute ! j'ai trouvé un motif pour mes strophes; mais je n'ai plus de quoi écrire.

Priyamvada. — A l'aide de tes ongles, grave les lettres dans une feuille de lotus, elle sera tendre comme une gorge de perroquet.

Sakountala. — Très bien! (*à Priyamvada et à Anasuya*). Maintenant prêtez l'oreille, et me dites si mon idée est bien rendue.

Les deux amies. — Nous t'écoutons.

SAKOUNTALA (*lisant*). — « Je ne connais point ton cœur, et pourtant, jour et nuit, cruel, une flamme brûle, car je ne songe qu'à toi ! »

LE ROI (*apparaissant soudain*). — O la plus svelte des jeunes filles ! la flamme te brûle, mais moi, elle me consume, et jamais ne cesse le tourment de mon cœur ! C'est ainsi que l'aube naissante fait pâlir le croissant de la lune, tandis que les pétales de la Nymphia se closent sur son calice parfumé.

LES DEUX AMIES. — Dieu soit béni ! le souhait de son cœur sera donc accompli !

(*Sakountala essaie de se relever.*)

LE ROI. — Non, ne fais aucun effort ! Ton beau corps est rivé à sa couche de fleurs ; il est encore tout parfumé des pétales des roses écrasées. Point n'est nécessaire de me manifester du respect.

ANASUYA (*au roi*). — Alors prenez place sur ce banc de pierre.

(*Le roi s'assoit.*)

PRIYAMVADA (*au roi*). — Il est du devoir d'un roi de consoler ses sujets malheureux...

LE ROI. — Il n'est pas de devoir plus noble...

PRIYAMVADA. — Or, l'aimable dieu de l'amour a complètement transformé notre amie. Pourquoi ne deviendriez-vous pas son suprême appui ?

LE ROI. — Chère enfant, mon amour a trouvé un écho... Je suis souverainement heureux.

SAKOUNTALA (*à Priyamvada*).—Ma chérie, pourquoi retarder le représentant du roi ? Il est rempli de sentiments tendres, parce qu'il se trouve loin des femmes de la cour.

LE ROI. — O belle, dont la présence remplit mon cœur! Si tu juges si mal ce cœur, qui ne connaît d'autre amour que le tien, ô jeune fille au regard séduisant! tu me blesses une seconde fois, moi que blesse déjà la flèche de l'Amour!

ANASUYA. — Il est dit qu'un roi a beaucoup de maîtresses... Fais donc en sorte qu'on n'ait rien à reprocher à notre chère camarade.

LE ROI. — Douce enfant, à quoi bon toutes ces paroles? Certes, j'ai beaucoup de femmes à la Cour; pourtant il n'est pour ma race royale que deux biens : la terre et votre amie!

LES DEUX AMIES. — Alors tout est pour le mieux!

PRIYAMVADA. — Anasuya! Vois donc comme la petite gazelle, là-bas, tourne ses yeux vers nous, réclamant sa mère! Nous allons la ramener ici. (*Elles se lèvent.*)

SAKOUNTALA. — Écoutez! écoutez! Je ne puis pas rester seule... Il faut que l'une de vous se tienne à mes côtés...

LES DEUX AMIES. — Inutile! tu as près de toi le maître de la terre. (*Elles sortent.*)

SAKOUNTALA. — Quoi? elles sont parties réellement?

LE ROI. — Sois sans crainte! Je reste près de toi et te respecte. Veux-tu que de mon éventail fait de pétales de lis je fasse tourbillonner autour de ton front les souffles qui rafraîchissent et reposent?

Veux-tu, jeune fille aux flancs arrondis, que je prenne sur mon sein et caresse tes pieds blancs comme le lotus ?

SAKOUNTALA. — Dieu me garde d'agir aussi librement avec des hommes qui m'inspirent le respect. (*Elle va pour sortir.*)

LE ROI. — Belle enfant, le jour n'est pas encore à son déclin : pourquoi abandonner ton lit de fleurs ? pourquoi secouer le voile odorant qui recouvre ta gorge et courir dans l'atmosphère embrasée ? Tes membres sont trop faibles pour qu'ils résistent à une pareille fatigue. (*Il la retient.*)

SAKOUNTALA. — Descendant des rois ! épargnez ma pudeur ! Oui, je souffre les tourments de l'amour, mais je ne dispose pas de moi !

LE ROI. — Craintive enfant ! sois sans crainte devant ton père nourricier. Dieu merci ! le digne vieillard connaît le droit et la loi, et il ne verra rien de répréhensible dans ta conduite. Il est écrit également que beaucoup de jeunes filles se sont données de bon gré à des sages de la Cour, et qu'elles n'en ont pas moins obtenu l'assentiment de leurs pères.

SAKOUNTALA. — Laissez-moi, je vous prie... Je veux demander conseil à mes amies.

LE ROI. — Soit... je te laisse....

SAKOUNTALA. — Eh bien ?

LE ROI. — De même que l'abeille pompe le nectar des fleurs fraîches et impolluées, de même, ô belle enfant, je veux boire lentement la rosée de tes lèvres divines ! (*Il baise ses lèvres, malgré les efforts qu'elle fait pour s'enfuir.*)

Les amies (*derrière la scène*). — Attention ! la nuit approche !

Sakountala (*effrayée*). — C'est vrai ! C'est la vénérable Gautami qui approche... Vite, vite, cache-toi derrière ce buisson.

III

TROISIÈME RENCONTRE

(*Sakountala s'est donnée au roi, conformément aux lois du mariage secret. Elle porte le fruit de cette union. Pour que le roi la reconnaisse, elle se rendra à la Cour, portant au doigt une bague où le nom de son amant est inscrit.* — *La scène est à la Cour.*)

Le roi (*apercevant Sakountala*). — Qui donc est cette princesse ? Comme elle est couverte d'un voile, on n'aperçoit pas nettement les admirables lignes de son corps. Parmi les ermites, qui l'accompagnent, elle ressemble à une jeune pousse sous les feuilles jaunies.

La portière du palais. — Généreux maître, toutes les hypothèses sont possibles ; mais, quant à moi, je ne sais ce qu'il en est. Dans tous les cas, sa beauté vaut qu'on s'y intéresse.

Le roi. — En effet ! mais il ne sied pas de dévisager la femme d'autrui.

Sakountala (*à part, la main sur le cœur*). — Mon cœur, mon pauvre cœur, pourquoi frémir de la sorte? Songe à la passion de ton époux bien-aimé, et repose-toi sur lui !

Le roi (*aux envoyés de Kanva, père de Sakountala*). — Quelle prière m'adresse votre maître vénéré?

Sarngarava. — Que tu prennes sa fille pour épouse, conformément à la parole donnée. Et pourquoi ne le ferais-tu pas? Comme tu es le plus noble parmi les plus nobles et que Sakountala est la vertu personnifiée, le maître des créatures a réuni en vous l'homme et la femme d'un égal mérite. Prends donc ton épouse, dont le corps fleurit, afin qu'elle soit dans ta demeure le modèle de la vertu conjugale !

La mère de Sakountala. — Seigneur, je désirerais bien dire quelques mots, mais ce n'est pas l'heure des vaines paroles. Mon enfant a quitté son père nourricier sans l'avoir interrogé autrement. D'ailleurs, nulle question n'a été posée sur la famille de Sakountala. L'affaire a été conclue entre vous et elle : pourquoi interviendrais-je aujourd'hui?

Sakountala (*à part*). — Que va répondre mon noble époux?

Le roi. — Que signifie cette énigme ?

Sakountala. — Une énigme ?... Oh ! ce mot brûle comme le feu !

Sarngarava. — Quoi? N'êtes-vous pas au courant des us et coutumes du monde? Une épouse légitime, quelle que soit son honnêteté, encourt le mépris des gens, lorsqu'elle habite simplement dans sa propre famille. Aussi souhaitons-nous que Sakountala vive près de son mari, celui-ci devrait-il ne l'aimer point !

LE ROI. — Et je serais celui qui, jadis, prit pour épouse la jeune fille que voici ?

SAKOUNTALA (*confondue, à part*). — Mon pauvre cœur !

LA MÈRE DE SAKOUNTALA. — Ma chère enfant, tâche de vaincre un moment ta pudeur ! Je vais t'enlever ton voile, et ton époux te reconnaîtra. (*Elle lui enlève son voile.*)

LE ROI (*considérant Sakountala, à part*). — Cette beauté qui rayonne dans toute sa gloire, l'ai-je prise jadis pour épouse ? En vain je m'interroge et pèse leurs paroles. Je suis semblable à l'abeille qui, à l'aube naissante, ne saurait ni goûter au nectar du jasmin couvert de rosée, ni y renoncer.

(*Il reste plongé dans sa rêverie.*)

SARNGARAVA. — Pourquoi, ô roi, gardes-tu le silence ?

LE ROI. — Pieux ascètes, j'ai beau réfléchir, je ne me rappelle pas avoir connu cette femme. Que voulez-vous que je vous réponde, en présence d'une femme, qui porte dans son sein le fruit d'une union avec un homme, lorsqu'on prétend que je suis cet homme ?

SAKOUNTALA (*à part*). — Oui, il doute de notre union. Tout l'édifice de ma grandeur future s'écroule !

SARNGARAVA. — Écoute ! Sans doute, le père de Sakountala te pardonne d'avoir séduit sa fille. Mais convient-il que tu lui fasses une nouvelle injure ? L'homme qui a rendu le voleur à l'honnêteté est celui qui te cède encore de bon gré son bien dérobé... Mais toi, Sakountala, donne-lui une preuve certaine du fait.

SAKOUNTALA (*triste*). — Quand le sentiment change, à quoi bon invoquer la mémoire ? Cependant, il s'agit ici de ma propre justification... (*Au roi*) Mon maître... Mais non, dès lors qu'on n'admet pas le lien de l'amour, toute parole sentimentale est déplacée... Seigneur, il ne sied pas de promettre solennellement le mariage à une femme, qui, par nature, agit et parle à cœur ouvert, et de la repousser ensuite avec des paroles de dédain !

LE ROI. — Le ciel m'en préserve ! Pourquoi cherches-tu à salir mon nom et à me confondre ? Es-tu le torrent qui trouble une onde pure et arrache les arbres de la rive ?

SAKOUNTALA. — Bien ! Si tu n'agis de la sorte que parce que tu crois voir en moi l'épouse d'un autre, je vais, grâce à un signe, chasser ton inquiétude !

LE ROI. — C'est le moyen le meilleur !

SAKOUNTALA (*touchant à son doigt la place de sa bague*). — Ah ! grand ciel ! Malheur à moi ! La bague est perdue ?

(*Elle jette un regard désespéré à sa mère.*)

LA MÈRE DE SAKOUNTALA. — Tu auras perdu ta bague à l'heure où tu puisas pour le sacrifice de l'eau au courant du Satschi !

LE ROI (*avec un sourire*). — C'est le moment de

répéter le dicton : « Une femme n'est jamais prise sans vert ! »

Sakountala. — C'est le destin !... Mais je te rappellerai autre chose.

Le roi. — Voyons !

Sakountala. — Te souviens-tu qu'un jour, sous la tonnelle de jasmins, tu tins dans tes doigts une coupe en forme de lotus remplie d'eau ?

Le roi. — Je suis tout oreille !

Sakountala. — Une petite gazelle, que j'élevai depuis sa naissance, s'approcha de toi. « D'abord, dis-tu, il faut que la petite bête étanche sa soif » ; car tu avais pitié d'elle et tu lui présentas la coupe d'eau. Mais la gazelle, qui ne te connaissait point, ne s'approcha pas davantage. Je présentai, à mon tour, de l'eau dans le creux de ma main, et la gazelle but. Tu souris et dis : « Qui se ressemble s'assemble. Vous êtes toutes deux des habitantes des bois ! »

Le roi. — Mensonges enguirlandés que tout cela ! Les femmes légères les disent aux passants qu'elles veulent séduire !

La mère de Sakountala. — Seigneur, tu n'as pas le droit de parler ainsi ! Cette jeune fille a été élevée dans le bois des ermites : rien n'est faux en elle.

Le roi. — Noble femme, la fourberie est naturelle à la femme : on le constate déjà chez les enfants ! Pourquoi n'en irait-il pas de même chez la jeune fille douée de la raison ? N'est-ce pas la femelle du coucou qui dépose ses œufs dans les nids étrangers ?

SAKOUNTALA. — Homme indigne ! Tu juges des autres d'après ton propre cœur ! Il te sied mieux qu'à tout autre de te draper dans le manteau de la vertu, tandis que tu ressembles au ruisseau envahi par les mauvaises herbes !

LE ROI (*à part*). — Et pourtant sa colère éveille le doute dans mon âme... (*Haut.*) Ma vie est comme un livre ouvert... Je n'ai rien à me reprocher.

SAKOUNTALA. — Soit ! Me voici abandonnée à moimême! Comment ai-je pu céder aux prières de cet homme, qui se disait noble et d'origine céleste : il a le miel sur la langue et le poison au cœur !

(*Elle se voile la figure et pleure amèrement.*)

SARNGARAVA. — Trève aux paroles! Retournons à nos foyers (*Au roi.*) Voici ton épouse. Repousse ou reconnais-la! Tu as un pouvoir absolu sur elle ! (*Aux envoyés du père de Sakountala.*) Et maintenant retirons-nous!

SAKOUNTALA. — Quoi? Cet homme m'a trompé, et vous m'abandonnez, à votre tour, à mon désespoir? (*Elle les suit.*)

LA MÈRE DE SAKOUNTALA. — Ma pauvre enfant !

SARNGARAVA (*en colère*). — Sakountala, si tu es ce que prétend ton époux, que viens-tu faire dans la maison de ton père? Et si tu te sens la conscience tranquille, tu supporteras jusqu'à l'esclavage qui t'attend dans la maison de ton époux ! Reste ! Nous autres, nous devons partir !

LE ROI (*au prêtre de son palais*). — Vais-je repousser une épouse ou me souiller au contact d'une femme étrangère? Que faire?

Le prêtre. — Que cette femme demeure ici jusqu'à sa délivrance! Des sages t'ont prédit qu'il te naîtrait un fils, appelé à gouverner le monde. Si l'enfant qui doit voir le jour porte les signes de la domination, que la mère soit la bienvenue et entre dans ton palais. Dans le cas contraire, tu renverras la femme vers son père!

Le roi. — Je souscris à ta demande.

Le prêtre (à *Sakountala*). — Chère enfant, suis-moi!

Sakountala. — O terre, entr'ouvre-toi sous mes pieds!

IV

QUATRIÈME RENCONTRE

(*Grâce à la bague que revoit et reconnaît le roi, grâce aussi à des herbes énergiques, tout va rentrer dans l'ordre. Sakountala est mère ; son fils, qui est un enfant extraordinaire, se rencontre d'abord avec le roi, qui, à sa vue, entend « la voix du sang ».*)

Le roi (*contemplant Sakountala*). — Ciel! c'est elle! c'est Sakountala! Elle est vêtue d'une robe sombre. Son visage est émacié par les privations. Ses cheveux forment une tresse unique: n'est-ce pas la marque des devoirs sacrés que lui imposent son état et sa séparation d'avec son époux ? J'ai eu vraiment un cœur impitoyable !

Sakountala (*apercevant le roi, — à part*). — Non, il ne ressemble pas à mon maître et seigneur !... Mais qui est-ce ? Qui donc oserait souiller de son contact mon fils bien-aimé, malgré l'herbe magique qui le défend.

Le fils de Sakountala (*à sa mère*). — Petite mère ! quel est cet homme, qui m'embrasse et me dit : « Mon fils » ?

Le roi. — Ma bien-aimée ! Oui, j'ai été cruel à ton égard ! Mais tout finit heureusement... Oui, tu me reconnais...

Sakountala (*à part*). — O mon cœur ! sois maître de toi ! Le destin ne m'est plus contraire ; il a pitié de moi. Oui, c'est mon maître et Seigneur.

Le roi. — Ma bien-aimée ! Lève sur moi ton doux regard ! Ma folie s'est évanouie à la lumière du souvenir !... Oui, tu es devant mes yeux !... Au bout de tant d'épreuves, enfin l'épouse est rendue à l'époux !

Sakountala. — Mon maître et mon époux, tu triomphes !

(*Elle éclate en sanglots.*)

Le roi. — O ma douce bien-aimée ! En vérité, je triomphe ! Car je revois enfin ton visage adoré et tes lèvres impolluées !

L'enfant de Sakountala. — Petite mère, qui est cet homme ?

Sakountala. — Mon petit ! interroge ton destin...

Le roi (*aux genoux de Sakountala*). — O belle

entre les belles ! Chasse de ton cœur le souvenir du passé, le souvenir du jour où je te repoussai loin de moi ! Mon aveuglement touchait à la folie. Il en arrive ainsi pour ceux dont l'esprit s'obscurcit : ils ne savent plus où luit leur bonheur. L'aveugle secoue de sa tête la guirlande de fleurs qu'on lui met et qu'il prend pour un serpent.

SAKOUTNALA. — Mon maître et mon époux ! Relève-toi ! Sans doute mes actions allèrent à l'encontre des lois de la vertu, et j'en fus punie. Le châtiment fut terrible : malgré sa pitié, mon époux me ferma son cœur. (*Le roi se relève.*) Mais, dis-moi, comment reviens-tu de ton erreur ?

LE ROI. — Je te le dirai quand j'aurai arraché de mon cœur la flèche du désespoir. Une larme, comme jadis, tremble sur le velouté de ta joue. Permets-moi de l'essuyer, et tout sera rentré dans l'ordre. (*Il passe la main sur le visage de Sakountala*).

SAKOUNTALA (*apercevant la bague*). — Mon bien-aimé, oui, voici la bague !

LE ROI. — En vérité, dès que je rentrai en possession de cette bague, la mémoire du passé me revint.

SAKOUNTALA. — Oh ! pourquoi, à l'heure où elle devait me servir à convaincre mon époux, n'ai-je pu la retrouver !

LE ROI. — Reprends-la donc comme le signe de notre éternelle union.

SAKOUNTALA. — Non, je n'en veux plus ! Garde-la fidèlement, mon bien-aimé !

LA GRÈCE

HÉSIODE

*Nous donnons ci-dessous un passage tiré des œuvres
d'Hésiode.*

Le poète qui chanta Les Travaux et les Jours *eut des
raisons particulières d'aimer peu et d'estimer encore
moins la femme. Il n'est donc pas étonnant de le voir
s'attaquer à un sexe dont il eut à se plaindre, même
comme philosophe. Car c'est bien lui qui déclare que « se
fier à la femme, c'est se fier aux voleurs ».*

*Le passage ci-dessous se rencontre avec des variantes
légères à la fois dans la* Théogonie *et dans* Les Travaux
et les Jours. *La traduction strictement exacte combine
les deux versions.*

PANDORE

Zeus cacha le feu aux hommes, mais le fils de
Japet, Prométhée, le déroba pour l'usage des mortels

et l'enferma dans la tige d'une férule. Indigné, Zeus lui dit :

— Fils de Japet, le plus rusé des dieux, tu t'applaudis d'avoir dérobé le feu et trompé mes conseils. Mais ce larcin te sera funeste, à toi et aux futures générations des mortels. Qu'ils jouissent du feu ; en retour, je leur enverrai un don fatal dont le charme séduira tous les cœurs, épris de leur propre malheur.

Ainsi parla Zeus, le père des dieux et des tonnerres, et il sourit.

Cependant il ordonna à l'illustre Vulcain de former à la hâte un mélange d'eau et d'argile, de lui donner la voix humaine, un corps robuste, la figure des déesses immortelles, les grâces de la vierge. Il commanda à Athèna de l'exercer aux ouvrages des mains, de lui enseigner le tissage des étoffes précieuses ; à Aphrodite de répandre autour d'elle la grâce, les désirs inquiets, les soucis rongeurs ; à Mercure, de lui infuser l'esprit d'impudence et de tromperie.

Sur-le-champ, le boiteux Vulcain forme avec de l'argile l'image d'une vierge pudique ; Athèna aux yeux d'azur lui attache sa ceinture et la couvre de vêtements précieux ; les Karites et la déesse de la persuasion lui passent un collier d'or ; les Heures aux cheveux fauves la couronnent des fleurs du printemps ; Mercure place dans son cœur, suivant les ordres de Zeus, les doux mensonges, les paroles décevantes, les ruses perfides ; puis il lui donne un nom et l'appelle Pandore, parce que chacun des

immortels habitants de l'Olympe avait fait un présent
à cet objet fatal, tout préparé pour la perdition des
hommes !

Lorsque Vulcain a ainsi bâti ce fléau décevant, ce
présent fatal, il amène la jeune fille, parée de tous
les dons de la déesse aux yeux d'azur, au père tout-
puissant, dans l'assemblée des dieux et des hommes.
Les dieux et les hommes admirent ce piège cruel à
l'attrait duquel la race mortelle n'échappera pas.

C'est d'elle que vient la race des femmes ; c'est
d'elle que viennent ces funestes compagnes de
l'homme, qui s'associent à sa prospérité et non à sa
misère. Les abeilles nourrissent, à l'ombre de leurs
ruches, des frelons parasites et mauvais ; et, tandis
qu'elles s'empressent tout le jour, jusqu'au coucher
du soleil, à composer leur miel, à remplir leurs
rayons dorés, les frelons, tranquilles dans les alvéoles,
recueillent à loisir la moisson étrangère et s'engrais-
sent du labeur d'autrui. Telles sont les femmes
dont le dieu de la foudre a gratifié les hommes
pour qu'elles partagent les fruits de leurs pénibles
travaux.

Maintenant, si nous fuyons l'hymen et le commerce
inquiet des femmes, nous n'avons, aux jours de la
vieillesse chagrine, personne qui nous soutienne ou
console. En vain sommes-nous dans l'abondance : à
peine morts, des parents éloignés dilapident entre
eux notre héritage. Le sort nous a-t-il unis à une
épouse vertueuse et chérie, le mal ne s'en mêle pas
moins au bien à travers notre existence entière. Mais

s'il nous fait rencontrer quelque femme d'une race perverse, oh! alors nous vivons dans l'amertume, charriant avec nous, au fond du cœur, un éternel ennui, un chagrin que rien ne peut guérir.

Avant ce don funeste de Zeus, la race humaine vivait sur la terre loin de tous les maux, loin de la peine, de la fatigue, des fâcheuses maladies, qui apportent aux hommes la vieillesse et la mort — les hommes vieillissent si vite dans l'affliction !

Pandore, découvrant de ses mains un vase qu'elle portait, laissa échapper tous ces fléaux, qui se répandirent sur les mortels. L'espérance seule y resta captive, errant sur les bords du vase, prête à s'envoler ; car Pandore le referma aussitôt, sur l'ordre de Zeus.

THÉOGNIS DE MÉGARE

Théognis, qui vécut au milieu des troubles dont Mégare eut à souffrir longtemps, se révéla comme un moraliste capable de satire et d'amour. S'il frappe et morigène avec violence, c'est qu'il n'est pas de ces philosophes vaincus, dont le dégoût se traduit en lassitude.

Aristocrate, à la façon d'un Aristophane, il n'admet pas la victoire populaire. Ce qui semble lui répugner d'abord, c'est le mariage entre nobles et vilains, entre bons et mauvais. Cependant le philosophe qu'il est s'attaque avec virulence au peuple amoureux d'un maître, au peuple turbulent qui court le danger de voir « s'élever le chef de quelque faction funeste, qu'enfantera pour son châtiment l'insolente cité ».

SENTENCES

I

Nous recherchons des béliers, des ânes, des chevaux de bonne race, pour qu'ils nous donnent des rejetons qui leur ressemblent. Mais l'homme de bonne souche ne refuse pas de prendre pour femme la fille d'un homme mal né, pour peu qu'elle lui apporte une grosse dot. Il n'est pas de femme, non plus, qui ne consente à devenir l'épouse d'un vilain, s'il est riche, et ne préfère l'homme opulent à l'honnête homme. On n'estime que la richesse : l'homme de bien prend femme dans la maison du méchant, le méchant dans la maison de l'homme de bien. La richesse confond les races. Ne t'étonne donc pas que l'espèce s'altère chez nos concitoyens, puisque le mauvais s'y mêle au bon.

Voici un homme qui connaît cette femme comme mal née, et ne l'en conduit pas moins dans sa demeure, séduit par les richesses qu'elle possède. Il associe sa propre illustration à son ignominie ; car la nécessité, à qui rien ne résiste, l'arme de courage, la nécessité, qui souffle l'audace au cœur de l'homme.

II

Je ne bois plus de vin, depuis que ma jeune maîtresse a pris pour amant un homme qui ne me vaut point. Ses parents près d'elle boivent une onde fraîche, et, tandis qu'elle leur verse, ma présence la fait soupirer. Et pourtant, j'ai serré dans mes bras le corps de la jeune fille, j'ai baisé son cou, pendant que sa bouche m'adressait de douces paroles.

III

Ils sont riches au même titre, et ceux qui possèdent en abondance l'or et l'argent, ou des terres fertiles en blé, ou des chevaux, ou des mulets, et ceux qui jouissent de l'amour dans les bras d'une femme. Quand vient la saison des plaisirs, quand fleurit la jeunesse qui s'y prête, les mortels ont la richesse, que nul n'emporte avec lui dans la demeure de Pluton. Mais, hélas ! nul ne peut se racheter de la mort, ni se soustraire soit aux fâcheuses maladies, soit à la venue de la triste vieillesse !

IV

O vous qui êtes jeunes, reposez, la nuit, près d'une compagne de votre âge, et goûtez le charme des travaux de l'amour ; ou bien encore, dans les festins, unissez votre voix aux sons de la flûte. Rien de plus délectable pour les hommes et pour les femmes. Que me font la richesse et l'honneur? Le plaisir et la joie l'emportent sur tout le reste !

V

Je veux boire, sans me soucier de l'amère pauvreté, ni des ennemis qui m'outragent. Mais je pleure l'aimable jeunesse, qui s'enfuit ; je gémis à l'aspect de la vieillesse fâcheuse, qui approche !

VI

Ne te moque pas de moi, ô belle Argyris, n'insulte pas à ceux qui m'ont donné le jour ! Car, toi, tu es née dans l'esclavage ! Certes, beaucoup d'autres maux m'affligent, ô femme, puisque j'ai dû quitter ma patrie ; mais, du moins, je ne connais pas la triste servitude, on ne m'a point vendu ! Je suis le citoyen d'une ville superbe, près de la plaine du Léthé.

L'ANTHOLOGIE GRECQUE

*L'*Anthologie *grecque ou le* Bouquet de fleurs, *qui n'est qu'un simple recueil de petites pièces de vers composées par des poètes peu connus, ou trop peu importantes pour être jointes aux œuvres des grands maîtres, se présente sous trois formes très diverses. Les traductions, que nous donnons ci-dessous, sont faites sur l'édition de Jacobs, qui renferme trois mille vers.*

*L'*Anthologie *ne nous montre pas le lyrisme sous une forme nouvelle, mais elle complète d'une façon élégante les connaissances que nous en avons déjà. Elle est réellement un* bouquet de fleurs *où se rencontrent toutes les couleurs et tous les parfums.*

L'ANTHOLOGIE GRECQUE

I

ÉPITAPHE

Née en Lybie, ensevelie, à la fleur des ans, sous la poussière ancienne, je dors près de Rome le long d'un rivage sablonneux. L'illustre Pompée, qui entoura mon enfance d'une tendresse vraiment maternelle, pleura aussi mon trépas et déposa mes cendres dans un tombeau qui fit de moi, pauvre esclave, l'égale des Matrones libres. Les feux de mon bûcher prévinrent les feux de l'hymen, et le flambeau de Proserpine trompa nos espérances !

(D'un inconnu.)

II

SUR LE MARIAGE

Après une première épreuve, se hasarder à un second mariage, c'est naviguer une seconde fois sur une mer profonde et traîtresse.

(D'un inconnu.)

III

SUR LES FEMMES

Homère nous a dépeint la femme mauvaise et trompeuse, ainsi que la femme chaste et pudique : toutes les deux sont pernicieuses au même degré. L'adultère d'Hélène engendre de grands massacres d'hommes. La chasteté de Pénélope causa de même la perte de beaucoup d'autres. L'*Iliade* et l'*Odyssée* sont deux épopées faites, chacune, pour une seule femme !

(Pallas.)

Toute femme est colère et n'a dans sa vie que deux bonnes heures, l'heure du lit de noce et l'heure de la mort.

(PALLAS.)

IV

SUR LA TOMBE DE LAÏS

Je renferme Laïs, habitantes de Corinthe, que baignent les flots de la mer; Laïs, vêtue d'une tunique de pourpre et d'or; Laïs, vouée à l'amour, et plus tendre que la tendre Vénus, plus blanche que les blanches eaux de Pirène; Laïs, la Vénus mortelle. Beaucoup ont souffert à cause d'elle, pour avoir sollicité les caresses d'une Vénus à l'encan. Et pourtant sa tombe répand encore de doux parfums, de son corps et des boucles de sa chevelure émanent les odeurs les plus suaves! Dans son emportement jaloux, Vénus déchira son beau visage, et l'Amour en gémit tristement. Si son âpreté au gain n'avait ouvert son lit à tout venant, la Grèce eût couru pour elle, comme pour Hélène, les plus grands dangers!

(ANTIPATER.)

V

SUR L'AMOUR

Qui, s'écria l'Amour, vaincra le feu par le feu? Qui éteindra la flamme par la flamme? Qui tendra son arc contre mon arc? Il n'y a qu'un nouvel amour

qui puisse efficacement lutter contre un autre
amour.

(D'un inconnu.)

Si le temps n'y peut rien, que ce soit la faim qui
dompte l'amour ! Si la faim est impuissante, prenez
un lacet, c'est le seul remède !

(D'un inconnu.)

Jupiter disait à l'Amour : « Je peux, si je le veux,
t'enlever toutes tes flèches. — Et moi, lui répondit
le dieu, je te permets de t'armer de ta foudre, tu
n'en redeviendras pas moins un cygne, si je le veux ! »

(D'un inconnu.)

VI.

SUR LA BEAUTÉ DES HOMMES

L'homme qui n'est que beau, l'est seulement pendant qu'on le regarde ; l'homme sage et bon est
toujours beau !

(Sappho.)

SIMONIDE D'AMORGOS

SUR LES FEMMES

A l'origine, les dieux créèrent l'intelligence sans la
femme.

Telle femme, née d'une truie au poil rude, n'a

aucun ordre à son foyer; tout y roule au hasard parmi les ordures et la poussière. Elle ne se lave point, porte des vêtements malpropres et se fait du lard, au milieu de son fumier.

L'autre, les dieux la tirèrent d'un renard malin. Elle sait tout, le bien comme le mal; elle est tantôt méchante, tantôt bonne, et sa colère la tiraille en sens opposés.

Une autre, née d'une chienne, est le vivant portrait de sa mère. Curieuse, elle a l'œil et le nez partout, erre de droite et de gauche, et aboie, même quand elle ne voit personne. L'homme ne peut lui imposer silence, ni s'il la menace, ni si, dans son exaspération, il lui brise la mâchoire à coups de pierre, ni s'il la flatte par de douces paroles, ni s'il l'admet au milieu de ses hôtes. Elle aboie sans fin et sans motif.

Une autre a été formée par les dieux du limon de la terre, pour écraser l'homme de son fardeau insupportable. Elle ignore et le bien et le mal, ne s'occupe qu'à manger, et est si paresseuse que, par les froids les plus intenses de l'hiver, elle n'approche pas même son siège du foyer.

Une autre est née de la belette. Triste espèce! Elle n'a rien de beau ni de désirable, ni charme, ni agrément. Inhabile à provoquer les plaisirs du baiser, elle n'est que dégoût pour l'homme. Elle fait en cachette beaucoup de mal à ses voisins, et souvent dévore, avant le sacrifice, les offrandes qu'on se propose de faire aux dieux.

Une autre provient d'une fougueuse cavale à la crinière flottante. Elle dédaigne toute besogne servile et méprise toute fatigue. Elle ne touche ni au moulin ni au crible, oublie de balayer les ordures hors de la maison, et, par crainte de la fumée, évite de s'asseoir auprès du foyer. Si elle cède à son mari, c'est qu'elle s'y trouve contrainte. En revanche, elle se baigne deux ou trois fois par jour, s'inonde de parfums, laisse flotter sur ses épaules sa superbe chevelure piquée de fleurs. Certes, une telle femme est un objet charmant pour les autres hommes ; mais c'est un fléau pour son mari, à moins que celui-ci ne soit un prince ou un roi qui se plaise à contempler une semblable parure.

Une autre est née du singe. C'est le plus pitoyable cadeau que Zeus ait fait aux hommes. Elle est laide à plaisir, et quand, d'aventure, elle se promène en public, tout le monde s'esclaffe sur son passage. Son cou trop court immobilise sa tête. Chez elle, rien de charnu : elle n'a que la peau sur les os. Je plains le mari qui serre une telle femme dans ses bras ! Comme le singe, elle sait toutes les ruses et joue toutes les farces. Jamais un sourire, jamais une bonne pensée ! Son seul souci, sa seule préoccupation, à travers la journée entière, c'est de chercher à causer le plus de mal possible.

Une autre est née de l'abeille : heureux celui qui l'a en partage ! Seule elle ne mérite aucun reproche. Par elle la vie fleurit et se prolonge. Aimée de l'époux qu'elle aime, elle vieillit avec lui et donne le jour à une belle et noble famille. Elle brille entre toutes les femmes; une grâce divine est répandue autour d'elle. Elle ne se plaît pas à prendre place parmi les femmes qui tiennent des conversations licencieuses. En vérité, c'est Zeus lui-même qui accorde aux hommes des femmes de cette excellence et de cette sagesse.

Par malheur, c'est Zeus encore qui nous envoie les autres qui vivent à nos côtés, et, de tous les fléaux qu'il a créés, c'est la femme qui est le pire ! Et c'est surtout lorsqu'elle paraît la plus utile qu'elle nous est la plus nuisible. A qui passe un jour entier avec une femme, impossible de le passer dans la joie ! C'est avec peine qu'il repoussera de son foyer la faim, la plus cruelle des divinités, la plus triste des compagnes. Si, d'aventure, l'homme a le cœur rempli d'une joie envoyée par les dieux ou ses semblables, vite la femme invente quelque sujet de querelle et prépare ses armes. Partout où se rencontre une femme, un hôte ne saurait être bien reçu. Et c'est encore celle qui a l'air le plus raisonnable, qui est la plus dangereuse de toutes. Elle se joue de la confiance de son mari, et le livre, trompé, aux lazzis des voisins. Chacun de nous loue sa femme et critique celle d'autrui, sans que nous reconnaissions que nous sommes tous logés à la même enseigne. C'est le plus grand des fléaux que Zeus nous ait envoyés.

PHOCYLIDE

Phocylide vit le jour à Milet, et vécut vers le milieu du sixième siècle avant notre ère. Il ne nous reste de lui qu'un nombre fort restreint de fragments, dont les uns peuvent être considérés comme authentiques, dont les autres sont fort contestés.

C'est encore Dion Chrysostome qui nous semble avoir le mieux fixé le point historique : « Phocylide n'est pas de ceux qui ont composé des œuvres poétiques de longue haleine, comme le poète qui raconte une seule bataille en plus de cinq mille vers : sa composition commence et finit en deux ou trois vers en tête desquels il inscrit son propre nom, comme attachant beaucoup de prix à sa pensée. »

Ce qui est frappant, c'est la rencontre de Phocylide et de Simonide d'Amorgos, dont nous avons publié l'opinion sur les femmes plus haut.

SENTENCES DE PHOCYLIDE

I

Les femmes ont toutes une de ces quatre origines : elles sont nées d'une chienne, d'une abeille, d'une truie ou d'une cavale à longue crinière.

Celle qui est née d'une cavale est robuste, légère, rapide et belle de formes.

Celle qui est née d'une truie n'est ni méchante, ni généreuse.

Celle qui est née d'une chienne a le caractère rude et sauvage.

Quant à celle qui est née d'une abeille, elle est excellente ménagère et s'entend au travail.

Si tu veux faire un mariage heureux, c'est cette dernière qu'il te faut épouser.

II

Ne contracte pas de mariage furtif ou scandaleux; évite les amours que réprouve la morale.

III

Respecte la femme vierge et sois fidèle à ta parole.

IV

L'amour de la vertu est honnête; l'amour charnel ne mène qu'à la honte.

V

Ne reste pas célibataire, si tu ne veux pas finir tes jours dans la solitude. Rends à la nature ce que tu lui dois : tu as été engendré, tu dois engendrer à ton tour.

VI

Ne prostitue pas l'honneur de ta femme; n'imprime pas une tache déshonorante à tes enfants. Dans le lit d'une femme adultère naissent des enfants qui ne se ressemblent pas.

VII

Respecte les secondes noces de ton père. Que le lit de ta marâtre te soit sacré. Révère-la comme celle dont elle a pris la place.

VIII

Ne te livre pas à une passion désordonnée : l'amour n'est pas un dieu; il est de toutes les passions la plus dangereuse et la plus funeste. En revanche, chéris la compagne de ta destinée. C'est un bonheur, c'est une félicité divine, quand une épouse vertueuse est aimée de son époux jusqu'à la suprême vieillesse, quand elle reçoit de lui la tendresse comme elle la lui prodigue, quand jamais les querelles n'ont brisé leur union heureuse !

IX

Abstiens-toi de toute union charnelle, qui ne serait pas appuyée sur un contrat, qui ne serait basée que sur la violence ou la séduction.

X

N'hésite pas à épouser une femme méchante, et

que l'appât funeste d'une dot ne te fasse pas l'esclave d'une épouse indigne de toi ! Imprudents que nous sommes ! On nous voit courir toutes les maisons d'une cité pour nous procurer des coursiers de bonne race, des taureaux aux flancs vigoureux, des chiens aptes à la chasse, et nous ne prenons nulle peine pour trouver une femme vertueuse. Malheureusement, les femmes, éblouies au même titre par l'appât de l'or, ne savent pas refuser un époux riche et méprisable.

XI

N'ajoute pas de nouvelles noces à tes premières, ni des douleurs nouvelles à tes premières misères.

XII

Si tes enfants ont reçu en partage le dangereux avantage de la beauté, veille sur tes fils, défends-les des attaques de la folie amoureuse ; veille sur tes filles, que la clef réponde de leur couche, que leurs attraits ne soient pas aperçus, hors du seuil de ta porte, avant leur mariage. C'est une garde difficile que celle de la jeunesse unie à la beauté.

LONGUS

Si tout le monde a lu DAPHNIS ET CHLOÉ, *personne ne
sait ce qu'en fut l'auteur. Et pourtant il eût été intéressant d'avoir quelques renseignements sur un homme qui
légua à la postérité le roman le plus sincère, le plus frais,
le plus éternellement vrai qu'on sache.*

*Si l'on élague de ce roman la partie pour ainsi dire
locale ou technique, on a, dans son évolution normale,
une histoire de la passion amoureuse, ainsi qu'elle a dû
naître, se développer et s'épanouir, à une époque de
mœurs primitives, et parmi des êtres qui se laissaient
aller, sans fausse honte ni pudeur calculée, au besoin de
s'aimer et de se reproduire.*

*Ici le mythe, qui domine chez Platon, ne joue plus aucun rôle. Nous sommes en présence de la vérité, laquelle,
pour être fruste et réaliste, n'en demeure pas moins profondément poétique et idéale. Idéale, en vérité, si nous
comparons le roman grec aux romans contemporains !*

Ce qui frappe encore dans DAPHNIS ET CHLOÉ, *c'est
cette idée, qui semble contradictoire à première vue, de
l'impossibilité où seraient deux amoureux d'arriver spontanément au baiser reproducteur, sans l'intervention*

d'une âme complaisante. Daphnis a besoin, malgré l'exemple de la nature en rut, que Lycénion lui enseigne la pratique de l'amour charnel. Et l'on se demande si, grâce à la pudeur plus ou moins sincère des civilisations, grâce au parti pris de masquer tout ce qui physiquement ou moralement tient à l'amour, il ne s'est pas produit chez l'individu une régression de cet instinct énergique qui fait se rencontrer naturellement le mâle et la femelle.

La traduction qui suit s'est modelée en bien des endroits sur celle de Courier et d'Amyot, lesquels réunis ont donné à leur travail collectif toute la grâce, toute la naïveté et toute l'exactitude de l'original grec.

DAPHNIS ET CHLOÉ

I

NAISSANCE DE L'AMOUR

Étant allé avec Chloé à la caverne des Nymphes, Daphnis donna à la jeune fille sa panetière et son sayon à garder, et, debout devant la fontaine, se mit à laver ses cheveux et son corps.

Les cheveux de Daphnis étaient noirs comme l'ébène et retombaient sur son cou bruni par le hâle, si bien qu'on eût dit que leur ombre en obscurcissait la teinte. Chloé le regardait, et elle remarqua que Daphnis était beau. Comme elle ne l'avait point, jusque-là, trouvé ainsi, elle s'imagina que c'était au

bain qu'il devait sa beauté. Elle lui lava elle-même
le dos et les épaules, et, sentant sous sa main sa
peau douce et fine, à plusieurs reprises elle se ca-
ressa à la dérobée, pour s'assurer si la sienne n'était
pas plus douce.

Comme il se faisait tard et que le soleil était à son
déclin, ils ramenèrent leurs troupeaux aux étables ;
mais, de ce moment, Chloé n'eut plus qu'une pensée :
revoir Daphnis au bain.

Le lendemain, quand ils furent de retour au pâtu-
rage, Daphnis, assis, suivant son habitude, à l'ombre
d'un chêne, joua de la flûte, regardant ses chèvres
couchées à ses pieds, qui semblaient prendre plaisir à la mélodie. Chloé, assise de même à ses côtés,
regardait paître ses brebis, mais plus souvent elle
avait les yeux fixés sur Daphnis. Elle le trouva beau
ainsi, jouant de la flûte. Pensant que ce fût la musique qui le faisait paraître de la sorte, elle prit la
flûte après lui, pour voir si elle ne pouvait devenir
belle comme lui.

Elle l'engagea à se baigner de nouveau. Et tandis
qu'il prenait son bain, elle le voyait dans sa nudité,
et elle ne pouvait s'empêcher de le regarder et de le
toucher. Puis, le soir, revenue au logis, elle songea
à Daphnis nu, et ce penser-là était commencement
d'amour. Bientôt elle n'eut souci ni souvenir de rien
que de Daphnis, et ne parla que de lui.

Ce qu'elle éprouvait, elle n'eût su le dire, simple
fille nourrie aux champs et n'ayant même jamais
entendu prononcer le nom d'amour. Mais son âme

était oppressée ; malgré elle, bien souvent ses yeux s'emplissaient de larmes. Elle passait les jours sans prendre de nourriture, les nuits sans trouver le sommeil, elle riait et pleurait tour à tour. Si d'aventure elle s'endormait, elle se réveillait en sursaut. Elle pâlissait par instant, et soudain son visage s'empourprait de feu.

II

PREMIÈRE ESCARMOUCHE

Chloé donna un baiser à Daphnis, baiser innocent et sans art, mais capable d'embraser un cœur qui naissait à la vie. Et il sembla à Daphnis qu'il avait reçu, non pas un baiser, mais une piqûre envenimée. Il devint triste soudain, soupirant, frissonnant, son cœur battant avec force. Il pâlissait quand ses regards tombaient sur Chloé, puis tout à coup une rougeur lui couvrait le visage.

Pour la première fois, alors, il admira la blondeur de ses cheveux, la douceur de ses grands yeux, la fraîcheur de son teint plus blanc que le lait des brebis. Il semblait qu'il commençât à voir, et qu'il eût été aveugle jusque-là.

S'il prenait quelque nourriture, c'était à peine pour la goûter ; s'il buvait, à peine humectait-il ses lèvres.

Lui qui, d'abord, était babillard comme les cigales, restait pensif maintenant et muet ; lui qui avait accoutumé de sauter plus que ses chevreaux, demeurait immobile, assis et silencieux.

Son troupeau était négligé ; sa flûte gisait à terre abandonnée. Il penchait la tête comme une fleur qui s'incline sur sa tige, se consumait lentement, séchait comme l'herbe au soleil, sans joie et ne retrouvant la parole que pour s'adresser à Chloé.

Parfois, se trouvant seul, il exhalait ainsi son amour : « Que me fait donc le baiser de Chloé? Ses lèvres sont plus douces que les roses, sa bouche est plus tendre qu'un rayon de miel, et pourtant son baiser est plus cuisant que l'aiguillon de l'abeille ! Bien souvent j'ai baisé mes chevreaux, bien souvent les agneaux de Chloé, qui ne faisaient que naître, et aussi le veau que lui donna Dorcon ; mais rien ne saurait se comparer au baiser de la jeune fille. Ma respiration est haletante, mon cœur tressaute, mon âme languit, et pourtant je désire ce baiser encore ! O mauvaise victoire ! ô étrange mal dont je ne saurais dire le nom ! Chloé avait-elle donc goûté de quelque poison avant de me donner ce baiser? Mais comment n'en est-elle pas morte ?

« Oh ! comme les rossignols chantent, et ma flûte se tait ! Comme les chevreaux bondissent, et je demeure immobile ! Comme les fleurs s'épanouissent toutes, et je n'en tresse ni bouquets ni couronnes ! La violette et le muguet fleurissent et Daphnis se flétrit ! »

III

INFLUENCE DE LA SAISON

La saison de l'année ajoutait encore à l'ardeur de Daphnis et de Chloé. On était déjà à la fin du printemps; l'été commençait; tout respirait la vigueur. Les fruits éclosaient sur les arbres; les blés, sur les épis. Partout la douce voix des cigales, le gracieux bêlement des brebis, la nature épanouie dans toute sa richesse. L'air embaumé était suave à respirer, et les fleuves semblaient s'endormir au murmure lent et mélancolique de leurs flots. Les vents, qui soupiraient doucement dans le feuillage des pins, rappelaient les mélodies de la flûte. On eût dit que les pommes elles-mêmes se laissaient tomber enamourées; enfin le soleil, amant de la beauté, forçait chacun à se dépouiller.

Tout embrasait Daphnis. Il se plongeait dans les ruisseaux, tantôt s'ébattant dans l'eau, tantôt cherchant à saisir les poissons, qui se jouaient dans l'onde et échappaient à ses mains, tantôt buvant à longs traits, comme s'il eût dû éteindre le feu qui le consumait. Chloé, après avoir trait toutes ses brebis, et la plupart des chèvres de Daphnis, était fort empêchée de faire prendre le lait; car les mouches la molestaient fort et la piquaient si elle voulait les chasser. Puis elle se lavait le visage, et, couronnée des plus tendres branches de pin, ceinte de la peau de faon, elle emplissait une sébile de vin et de lait, pour boire avec Daphnis.

C'était surtout vers l'heure de midi que les deux
jeunes gens étaient le plus ardemment épris. Chloé,
voyant Daphnis entièrement nu et d'une beauté de
tout point accomplie, se consumait et se mourait
d'amour. Dans tout son corps, en effet, elle ne voyait
rien à reprendre. Et lui, la voyant avec cette peau de
faon et cette couronne de pin, lui tendre à boire dans
sa sébile, pensait apercevoir une des Nymphes
mêmes, qui habitaient la caverne. Il accourait aussitôt, lui ôtait sa couronne, qu'il baisait d'abord et
se mettait ensuite sur la tête. Et Chloé, tandis qu'il
se baignait tout nu, se revêtait de sa tunique, après
l'avoir de même baisée d'abord. Parfois ils se jetaient
des pommes en se jouant, parfois ils s'ornaient réciproquement la tête et se tressaient les cheveux. Et
Chloé disait à Daphnis que ses cheveux ressemblaient
aux grains de myrte, à cause de leur noirceur; et
Daphnis comparait le visage de Chloé à une belle
pomme, pour sa blancheur et son teint rosé. Il lui
apprenait aussi à jouer de la flûte; et quand la jeune
fille commençait à souffler dans l'instrument, il le
lui prenait des mains et le parcourait des lèvres d'un
bout à l'autre. Il agissait ainsi comme s'il voulait lui
montrer où elle avait failli, mais en réalité pour la
baiser à demi, en baisant la flûte aux endroits que
venait d'effleurer sa bouche.

Un jour qu'il jouait de la flûte dans la brûlante
atmosphère de midi, tandis que leurs troupeaux re-
posaient à l'ombre, Chloé s'endormit sans y prendre
garde. Daphnis la voyant ainsi, posa sa flûte afin de

la contempler tout à son aise et sans rougir. Et il disait à part soi ces paroles tout bas: « Oh! comme dorment ses yeux! comme sa bouche respire! Ni pommes ni aubépines fleuries n'exhalent un parfum plus doux. Je ne l'ose baiser toutefois; son baiser pique au cœur et fait devenir fou, comme le miel nouveau. Puis j'ai peur de l'éveiller. O fâcheuses cigales! jamais leurs cris perçants ne la laisseront dormir. Voici maintenant les boucs qui luttent et entrechoquent les cornes. O loups, plus lâches que des renards, que ne les avez-vous emportés! »

Il parlait de la sorte, quand une cigale, poursuivie par une hirondelle, vint se blottir d'aventure dans le sein de Chloé. L'hirondelle ne put la saisir; elle ne put davantage s'arrêter dans son vol, si bien que son aile effleura le visage de la jeune fille. Celle-ci se réveilla en sursaut, et, ne sachant ce qui lui arrivait, poussa un grand cri. Mais quand elle vit l'hirondelle voleter autour d'elle, elle se rassura, et frotta ses yeux qui avaient envie de dormir encore.

Cependant la cigale se prit à chanter entre les tetins de la gente pastourelle, comme si, dans cet asile, elle eût voulu rendre grâces de son salut, et Chloé, surprise à nouveau, de crier plus fort encore, et Daphnis de rire de sa crainte. Saisissant ce prétexte, il plongea sa main fort avant dans le sein de Chloé, d'où il retira la gentille cigale, qui continuait à chanter, quoiqu'il la tînt dans la main. Chloé sourit à sa vue, et, l'ayant baisée, la remit, chantant toujours, dans son sein.

IV

A L'ÉCOLE DE LA NATURE

Les brebis bêlaient, les agneaux bondissaient et se courbaient sous le ventre de leurs mères pour presser leurs mamelles. Les béliers poursuivaient les brebis qui n'avaient pas encore agnelé, se dressaient et les saillissaient l'une après l'autre. Autant en faisaient les boucs, sautant autour des chèvres, luttant entre eux et se disputant fièrement pour l'amour d'elles. Chacun avait les siennes et veillait à ce que nul autre ne fît tort à ses amours. Un pareil spectacle, même chez les vieillards éteints, eût rallumé les feux de Vénus; à plus forte raison, chez Daphnis et Chloé, qui, depuis longtemps inquiets, poursuivaient le dernier but de l'amour, brûlaient et se consumaient, à voir et à entendre tout cela. Ils cherchaient quelque chose qu'ils ne pouvaient trouver, au delà du baiser et des enlacements. Daphnis surtout, qui, devenu grand et bien en point, pour n'avoir bougé tout l'hiver de la maison et s'être bien reposé, baisait Chloé avec fureur, l'embrassait follement. Il faisait tout avec plus de désir et de hardiesse qu'auparavant.

Il suppliait Chloé de lui accorder toutes ses demandes et de coucher nue à ses côtés plus longtemps qu'ils n'avaient fait encore. Et comme Chloé lui demandait ce qu'il pouvait y avoir de plus que le baiser, les enlacements et se coucher tout vêtus ensemble, et ce qu'il pensait faire de plus quand il seraient nus côte à côte : « Cela même, dit-il, que les béliers font aux brebis et les boucs aux chèvres. Vois-tu comme, après cela, les brebis demeurent captives, comme les béliers ne cherchent plus à leur courir sus, comme ils paissent tranquillement ensemble et paraissent jouir en commun d'une même volupté ? Il est donc quelque chose de plus doux que ce que nous faisons, et dont la douceur surpasse les amertumes de l'amour. — Eh ! mais, fit-elle, ne vois-tu pas que les béliers et les brebis, les boucs et les chèvres, faisant ce que tu dis, se tiennent debout ? les mâles les assaillent, et les femelles les reçoivent sur leur dos. Et, toi, tu veux que je me couche avec tôi à terre et toute nue ! Ne sont-elles donc pas plus vêtues de leur laine ou de leur poil que moi de ce qui me couvre ? »

Daphnis la crut, se coucha près d'elle et la tint longtemps serrée dans ses bras ; mais il ne sut comment faire pour venir à bout de ce qu'il désirait. Alors il la fit se relever, l'embrassa par derrière, à l'imitation des boucs ; mais il s'en trouva encore moins satisfait que devant. Et il s'assit à terre et se prit à pleurer d'être plus neuf que le bélier aux œuvres de l'amour.

V

COMMENT S'ENSEIGNE L'AMOUR

Dans le voisinage habitait un laboureur qui tenait avec soi certaine petite femme, jeune et délicate, car elle était de la ville. Elle avait nom Lycénion. Tous les matins, elle voyait passer Daphnis, qui menait paître son troupeau et, le soir, le ramenait au tect. Elle eut envie de s'aboucher avec lui et d'en faire son amoureux.

Elle le guetta si bien qu'un jour elle le trouva seul. Elle lui donna une flûte, une gaufre à miel, et une panetière de peau de cerf; mais elle n'osa rien lui dire, se doutant qu'il aimait Chloé, parce qu'il était toujours avec elle. Pourtant elle n'en savait autre chose, sinon qu'elle les avait vu se sourire et se faire des signes.

Un matin donc, elle fit entendre à son maître qu'elle allait rendre visite à une voisine en mal d'enfant. Elle suivit Daphnis et Chloé pas à pas, et se cachant derrière les buissons pour n'être point aperçue, vit de là tout ce qu'ils faisaient, entendit tout ce qu'ils disaient et comprit fort bien pourquoi pleurait le pauvre Daphnis.

Elle eut pitié de leur peine, et, considérant qu'il se présentait une occasion de faire deux fois le bien, en les instruisant et en assouvissant son propre désir, elle s'avisa de ce stratagème.

Le lendemain, feignant d'aller voir sa voisine en mal d'enfant, elle vint droit au chêne sous lequel était Daphnis et Chloé, et jouant la femme affolée : « A moi, Daphnis, cria-t-elle, je suis perdue ! Voilà que de mes vingt oisons, un aigle m'emporte le plus beau. Mais comme le fardeau était trop lourd, l'aigle, n'ayant pu l'enlever jusque sur ce rocher là-haut, où est son aire, s'est laissé choir au fond du vallon. Je te prie donc, mon Daphnis, de venir avec moi, car seule j'ai peur, et de m'aider à reprendre mon oison. »

Daphnis, ne se doutant de rien, se leva incontinent, prit sa houlette en main et s'en fut avec Lycénion. Celle-ci le mena loin de Chloé, dans le plus épais du bois, près d'une fontaine, où, l'ayant fait asseoir, elle lui dit : « Tu aimes Chloé ; les Nymphes me l'ont dit cette nuit. Elles sont venues me conter, dans mon sommeil, les pleurs que tu versais hier, et m'ont donné l'ordre de t'ôter de cette peine, en t'apprenant l'œuvre d'amour, qui ne consiste pas seulement à se baiser, à s'enlacer, à faire comme les béliers et les bouquins. Il y a autre chose encore, et bien plus plaisant que tout cela, car il s'y joint la durée du plaisir. Si donc tu veux être délivré du souci que tu en as et trouver l'aise que tu cherches, contente-toi de te donner à moi, apprenti joyeux et gaillard. Et moi, pour l'amour des Nymphes, je te montrerai ce qui en est. »

Daphnis ne se put contenir de joie, tant il fut aise, en pauvre campagnard, jeune et amoureux qu'il

était. Il se mit à genoux devant Lycénion, la priant
à mains jointes de lui enseigner au plus vite le doux
métier, afin qu'il pût faire à Chloé ce qu'il désirait.
Et comme si c'eût été quelque grand et merveilleux
secret, il promit à la femme un chevreau de lait, des
fromages frais, de la crème, et au besoin la chèvre
avec.

Or, le voyant plus naïf et plus simple encore qu'elle
n'avait imaginé, Lycénion se prit à l'instruire de
cette façon : elle lui commanda de s'asseoir auprès
d'elle, puis de la baiser comme il faisait à Chloé, et,
en la baisant, de l'embrasser, et finalement de se
coucher à terre à ses côtés. Lorsqu'il se fut assis,
qu'il l'eut baisée, qu'il se fut couché près d'elle, trouvant qu'il était en bonnes dispositions et tout brûlant
d'amour, elle le souleva un peu et se glissa sous lui.
Puis elle le mit dans le chemin qu'il avait vainement
cherché jusque-là, et où rien ne se fit qui ne soit
accoutumé, la nature lui ayant assez enseigné le
reste.

L'amoureuse leçon terminée, Daphnis, aussi simple
que devant, voulut courir vers Chloé, pour lui faire
tout aussitôt ce qu'il venait d'apprendre, comme s'il
eût eu peur de l'oublier. Mais Lycénion le retint, et
lui dit : « Il faut que tu saches encore ceci, Daphnis :
comme j'étais déjà femme, tu ne m'as point fait mal ;
car un autre homme, il y a déjà quelque temps,
m'enseigna ce que je viens de t'apprendre, et en eut
mon pucelage pour son loyer. Mais Chloé, lorsqu'elle
combattra pour la première fois ce combat avec toi,

criera, pleurera, saignera, comme si on l'égorgeait.
Pourtant sois sans crainte, et, quand elle voudra se
donner à toi, amène-la ici, afin que, si elle crie, on
ne l'entende pas; si elle pleure, on ne la voie pas;
si elle saigne, elle puisse se laver à cette fontaine.
Souviens-toi cependant que c'est moi, avant Chloé,
qui t'ai fait homme! »

VI

On fit à Daphnis et à Chloé une noce toute pastorale.

Quand la nuit fut venue, tout le monde les convoya
jusqu'à leur chambre nuptiale, les uns jouant de la
flûte, les autres du flageolet, d'autres encore portant
des falots et des flambeaux allumés devant eux.
Puis, quand ils furent au seuil de la chambre, ils
entonnèrent un chant d'hyménée d'une voix rude et
âpre, semblable au bruit du trident qui fend la terre.

Cependant Daphnis et Chloé se couchèrent nus
dans le lit, où ils s'embrassèrent et se baisèrent
sans clore l'œil de toute la nuit, non plus que des
chouettes. Et Daphnis fit ce que Lycénion lui avait
enseigné. Et Chloé comprit alors que ce qu'ils
faisaient auparavant dans les champs et les bois
n'était que jeux de petits enfants.

PLATON

Platon est, sans doute, un philosophe; mais il est d'abord un poète. Personne ne s'étonnera donc qu'il se rencontre chez lui une conception quelque peu mystique de l'amour. Cependant, en tant que poète, il est aussi un devin, et, comme tel, il ne peut pas ne pas chanter la vérité de ses propres sentiments et ceux de l'humanité entière.

S'il met à la base de sa pensée philosophique le bien et le beau, le bien surtout, s'il promène son éternelle rêverie parmi les parfums de la nature en fleurs et les harmonies du monde vivant, est-il étonnant que l'amour, qui est de tous les sentiments le seul universel et irréductible, s'enveloppe, chez lui, de toutes les beautés et soit le bien par excellence ?

Mieux que ses contemporains, mieux que ceux qui le précédèrent et le suivirent, Platon devina dans l'amour le double élément qui le fait complet. Dans le désir de possession, il voit le désir de l'idéal, et dans les formes suaves de la femme, la beauté surhumaine dont le baiser est le premier initiateur. Nous disons bien le premier, car au-dessus de la chair, si sublime parût-elle aux

*hommes, il y a l'amour non charnel, qui ne meurt pas
avec le désir, ni ne s'évanouit avec l'âge. Le baiser est
la clef de l'idéal, mais il n'est que cela. Aussi le
vieillard est-il capable d'amour comme le jeune homme ;
et qui sait si le sentiment calme et serein ne l'emporte
pas sur la fougue tumultueuse des sens ?*

*De parti pris, nous avons écarté de notre traduction
les allusions à un vice dont semble avoir souffert toute
l'antiquité gréco-latine, et à qui les meilleurs n'ont pas
toujours voulu se soustraire. Ce que nous avons conservé
de Platon, c'est l'amour proprement dit, le seul qui
mérite d'en porter le nom. Et celui-là, Platon l'a chanté
avec un luxe de détails et une exactitude — dans le
mythe — qui toujours égale et parfois dépasse les meil-
leures études de nos contemporains.*

LE BANQUET OU DE L'AMOUR

I

L'AMOUR INSPIRE LES NOBLES SENTIMENTS

L'Amour est le plus ancien des dieux ; il est aussi
l'auteur des plus grands biens. Car, ce qui doit
diriger dans leur existence ceux qui désirent vivre
conformément au beau et au bien, ce n'est ni la con-
sidération, ni la richesse, mais l'amour, et j'entends
par là, la honte du mal et l'aspiration vers le beau.
Sans cela, il est impossible à un État ou à un individu

d'accomplir des actes à la fois grands et beaux.

Certes, ce que dit Homère, à savoir que les dieux inspirent de l'audace à certains héros, on peut le dire de l'amour, qui inspire les amants. Bien mieux, les amants seuls savent mourir l'un pour l'autre, et cela est vrai, non seulement des hommes, mais encore des femmes. Un exemple frappant est celui d'Alceste, fille de Pélias, laquelle, aux yeux de la Grèce entière, voulut mourir pour son époux, quoiqu'il eût son père et sa mère.

II

TOUT EST PERMIS A L'AMOUREUX

Il est permis à l'amant d'employer les moyens les plus étranges pour arriver à son but, et il en récolte même des louanges. Or, s'il les employait à la poursuite et à l'acquisition de toute autre chose, il encourrait le blâme le plus amer des philosophes. En effet, si un homme, dans l'espoir de tirer de l'argent d'un autre, ou d'obtenir un emploi ou quelque chose approchant, tentait de faire ce que l'amant fait pour l'objet de son amour, s'il employait les supplications, en les accompagnant de gestes humbles et dévots, s'il faisait des serments, s'il s'étendait sur le seuil de sa porte, s'il consentait à rendre des services auxquels ne descendrait jamais un esclave, il en serait détourné aussi bien par ses ennemis que par ses amis; car les premiers lui reprocheraient ses flatteries et ses bassesses, les seconds en rougiraient et le redresseraient.

Cependant tout cela sied merveilleusement à l'amant, et on lui reconnaît volontiers le droit de le faire, sans y attacher de déshonneur, dans l'idée qu'il accomplit un devoir sublime. Bien mieux ! on se plaît à admettre généralement qu'il est le seul à qui les dieux pardonnent le parjure. « Les serments d'amour, dit-on, ne sont pas des serments ! » Et ainsi les dieux et les hommes octroyent toute liberté à l'amant, et nos mœurs le corroborent.

III

L'AMOUR ET LA NATURE DE L'HOMME

Jadis la nature humaine était bien différente de ce qu'elle est aujourd'hui. Il y eut d'abord trois sexes, et non pas deux comme actuellement, le masculin et le féminin. Un troisième, en effet, constituait la synthèse de ces deux-là. Il s'est évanoui ; mais le nom en est demeuré. Cet être, connu sous le nom d'Androgyne, réunissait en lui les deux sexes mais il n'existe plus que de nom, et ce nom est un terme d'opprobre.

De plus, tout être humain présentait la forme ronde, si bien que le dos et la poitrine décrivaient un cercle. Chacun avait quatre bras, quatre jambes, deux visages exactement pareils sur un cou orbicu-

laire, et réunis en opposition sur une même tête ;
quatre oreilles, deux organes de la génération, le reste
conforme à l'idée que chacun de nous peut s'en faire.

Ces trois sexes durent leur existence à cette cir-
constance que le mâle fut produit par le soleil, le
féminin par la terre, et le troisième, qui participe
des deux, par la lune qui, elle aussi, tient de la terre
et du soleil. Ils avaient la forme ronde, et leurs mouvements étaient circulaires, afin de se conformer
mieux à leurs principes. Ils étaient pleins de force
et d'énergie ; leurs pensées étaient hautes : ce qui
leur inspira l'audace de monter jusqu'au ciel et de
lutter avec les dieux, ainsi que le dit Homère d'Otus et
d'Ephialtès. Zeus et les autres dieux se demandèrent
quelle résolution ils prendraient, mais ne surent
comment aboutir. Il n'était guère pratique, en effet,
de détruire les hommes et d'en foudroyer la race
entière comme il fut fait, jadis, des géants. Après de
longues réflexions, Zeus dit : « Je crois avoir trouvé
un moyen de conserver les hommes, tout en les em-
pêchant de mal faire, c'est de diminuer leurs forces.
Je les séparerai en deux ; ils en deviendront plus
faibles, et, ce qui sera utile à nous-mêmes, ils seront
plus nombreux à nous rendre hommage. Ils marche-
ront droits, appuyés sur deux jambes seulement. Et
si, d'aventure, ils devaient retourner à leurs blas-
phèmes et à leurs révoltes, je les séparerai encore
en deux, et ils seraient réduits à se mouvoir sur un
seul pied, comme font ceux qui dansent sur des
outres. »

Il dit, et divisa les hommes en deux moitiés. La séparation faite, chaque moitié cherchait à rencontrer l'autre, et, lorsqu'elle y arrivait, elles enlaçaient leurs bras, se joignaient étroitement, dans leur désir de se confondre, et mouraient ainsi de faim, renonçant à toute action et ne voulant rien faire l'une sans l'autre. Quand l'une des deux moitiés venait à mourir et que l'autre lui survivait, celle-ci se mettait en quête d'une nouvelle moitié et l'embrassait, que ce fût la moitié d'une femme jadis entière (ce que nous appelons aujourd'hui une femme) ou la moitié d'un homme Et ainsi ils trouvaient la mort.

Ému de pitié, Zeus imagina un autre expédient : il leur plaça les parties génitales sur le devant ; car jusque-là, elles étaient par derrière, si bien que la procréation ne se faisait pas face à face et que la semence se répandait sur la terre, comme il en arrive pour les cigales. Donc Zeus leur mit les parties sexuelles sur le devant, et, de cette manière, la conception eut lieu par l'admission des parties mâles dans les parties femelles. Quand, en effet, l'union avait lieu entre homme et femme, la génération s'opérait et il en naissait des enfants, et une descendance en sortait. Quand, au contraire, un homme joignait un homme, ils éprouvaient du moins une satisfaction de leur rencontre et retournaient, heureux, à leurs travaux et aux autres soins de la vie. De là vient l'amour que, depuis l'origine, les hommes éprouvent naturellement les uns pour les autres ; il les ramène à leur nature primitive, cherche à faire un être de deux et à guérir la nature humaine.

Chacun de nous n'est donc qu'une moitié d'homme puisque nous avons été coupés, comme la sole, et que d'un nous sommes devenus deux. Aussi chaque partie cherche-t-elle sans cesse à joindre la partie qui lui correspond. Les hommes, qui proviennent de la séparation de ces êtres composés qu'on appelait alors des androgynes, aiment les femmes, et la plupart de ceux qui commettent l'adultère appartiennent à cette espèce, à laquelle appartiennent de même les femmes qui aiment les hommes et violent les droits de l'hymen. Mais toutes les femmes qui proviennent de la séparation des femmes primitives, ne s'intéressent pas beaucoup aux hommes; elles sont portées vers les femmes et elles comprennent les tribades. D'autre part, les hommes, nés de la séparation des hommes primitifs, recherchent le sexe masculin.

Le désir de s'unir et de se confondre avec l'objet aimé, de manière à ne plus former à deux qu'un être unique, s'explique par notre nature originelle qui était une et constituait un tout complet.

IV

NATURE VÉRITABLE DE L'AMOUR

De tous les dieux, l'Amour est le plus heureux, parce qu'il est le plus beau et le meilleur. Il est le plus beau, car il est d'abord le plus jeune des dieux. Ce qui le démontre à l'évidence, c'est que, dans sa course, il échappe à la vieillesse, qui visiblement va d'un pas rapide, puisqu'elle nous atteint plus vite que de raison. L'Amour la déteste par nature et s'en éloigne le plus possible. Il fait, au contraire, sa compagne de la jeunesse, se plaît avec elle, et justifie l'ancienne maxime qui dit « que le semblable s'attache toujours à son semblable ».

L'Amour est, aussi, délicat; car il ne marche ni sur la terre, ni sur les cimes, qui, précisément, ne présentent pas un point d'appui fort doux ; mais il va sur les choses les plus tendres et s'y repose; c'est en effet, dans les cœurs et dans les âmes des dieux et des hommes qu'il établit sa demeure. Bien mieux! ce n'est pas dans toutes les âmes indistinctement qu'il s'arrête; s'il en rencontre une dont les sentiments soient frustes, il l'évite, pour ne se reposer que dans les âmes tendres.

Il est, en outre, d'une nature subtile ; car il ne pourrait se glisser partout, ni s'introduire doucement dans toutes les âmes, ni en sortir, s'il était d'une essence grossière. Ce qui prouve surtout sa nature à la fois tempérée et subtile, c'est la grâce qui, de l'aveu commun, est sa marque distinctive; car l'amour et la laideur sont en lutte perpétuelle. La beauté de son teint, Eros la tient sans doute de son séjour parmi les fleurs; il ne s'arrête jamais dans un corps, une âme ou tout autre objet, quand les fleurs en sont absentes ou fanées; mais qu'il rencontre un lieu semé de fleurs et rempli de parfums, il s'y pose et y demeure d'une façon durable.

Il s'agit maintenant de parler de la vertu de l'Amour. Son plus grand avantage est de ne pouvoir recevoir aucune offense de la part des dieux ou des hommes, et de ne savoir offenser un dieu ou un homme. Si, d'aventure, il lui arrive quelque chose de fâcheux, ce ne saurait être une violence, car la violence est incompatible avec l'Amour ; et il ne saurait davantage faire violence. Tout le monde fait tout pour l'Amour, de bon gré ; et ce que chacun de nous accorde volontairement à autrui, les lois, ces reines de l'État, le déclarent juste.

Quant à la force de l'Amour, Mars lui-même ne saurait l'égaler ; car ce n'est pas Mars qui possède l'Amour, mais c'est l'Amour qui possède Mars. Or celui qui possède est plus puissant que celui qui est possédé, et celui qui tient sous sa loi le plus vaillant des dieux est nécessairement le plus vaillant de tous.

Reste à parler de l'habileté de l'Amour. Et d'abord il est un artiste si habile qu'il rend artiste qui bon lui semble. Du moins, quiconque est inspiré par l'Amour devient poète, eût-il été jusqu'alors étranger aux Muses. Ce qui prouve que l'Amour est un merveilleux artiste, c'est qu'il excelle à faire tout ce qui est du ressort des Muses ; car ce qu'on ne possède ni ne sait, on ne peut ni le donner ni l'enseigner à autrui. Ce que l'art produit de vivant dans toutes les directions, qui oserait nier que l'Amour, dans son habileté, le produit, l'Amour dont naît et par qui existe tout ce qui vit ? Ne savons-nous pas que, dans les autres arts, quiconque a eu pour maître ce dieu, a acquis de la renommée et de la gloire, alors que, sans son assistance, tout homme demeure inconnu ?

Enfin c'est l'Amour qui impose la paix aux hommes, le calme à la mer, le silence aux vents ; c'est lui qui donne une couche et le sommeil à celui que mordent les soucis. C'est Eros qui nous empêche d'être étrangers les uns aux autres, qui nous donne les joies de l'amitié, qui préside aux chœurs, aux fêtes, aux sacrifices, et fait le lien de la société. C'est lui qui engendre la douceur et bannit la rudesse, qui se montre prodigue de bienveillance et avare de haine. Il est favorable aux bons, honoré des sages, agréable aux dieux. Le pauvre le désire, le riche le garde. Père du luxe, du bien-être, des délices, des voluptés, des charmes aimables, des tendres désirs, des passions, il veille sur les bons et néglige les méchants. Dans nos hésitations, nos craintes, nos espoirs, nos soucis, il est notre meilleur guide, notre meilleur appui, notre meilleur conseiller, notre meilleure sauvegarde. Il est la gloire des dieux et des hommes. C'est le guide à la fois le plus beau et le plus généreux que l'homme puisse suivre, et en l'honneur de qui il doive chanter les hymens qu'il entonne lui-même pour répandre la douceur parmi les dieux et parmi les hommes.

V

L'AMOUR EST FILS DE L'ABONDANCE ET DE LA PAUVRETÉ

A la naissance de Vénus, il y eut chez les dieux un festin, où se trouvait entre autres l'Abondance, fille de Prudence. Après le repas, la Pauvreté s'en vint pour mendier, au milieu de la fête ; elle s'arrêta près de la porte. Or l'Abondance, enivrée de nectar, car on ne connaissait pas encore le vin, se rendit dans le jardin de Zeus. Lourde de boisson et fatiguée, elle ne tarda pas à s'endormir. La Pauvreté, poussée par son état de pénurie, imagina d'avoir un enfant de l'Abondance, se coucha près d'elle et conçut Eros. C'est pourquoi Eros devint le compagnon et le serviteur d'Aphrodite ; car il avait été conçu le jour même où elle naquit, car il aimait naturellement le beau, et Aphrodite est souverainement belle.

Comme fils de l'Abondance et de la Pauvreté, voici quel est le sort de l'Amour : d'une part, il est toujours pauvre, et, loin d'être beau et délicat, comme on le croit communément, il est rude, malpropre, sans chaussures, sans domicile ; il couche sur la terre nue, sans couverture, et s'endort auprès des portes et sur les routes, à la belle étoile ; conformément à la nature de sa mère, il est le commensal du besoin ; d'autre part, selon la nature de son père, il poursuit le beau et le bien ; il est vaillant, hardi et persévérant, chasseur solide, toujours machinant quelque artifice, cherchant à savoir, capable de comprendre, philosophant à travers toute son existence, enchanteur subtil, magicien, sophiste, ne ressemblant ni aux dieux ni aux hommes. Dans un même jour, il est florissant et plein de vie, si la fortune lui sourit ; puis il meurt et ressuscite, conformément à la nature de l'Abondance. Tout ce qu'il acquiert lui échappe, si bien qu'il n'est jamais ni riche ni pauvre. Il tient aussi le milieu entre la sagesse et l'ignorance, et c'est à sa naissance qu'il le doit ; car il est le fils d'un père sage et riche et d'une mère qui n'est ni sage ni riche.

VI

LE BUT DE L'AMOUR EST LA PROCRÉATION

Tous les hommes sont capables de procréation selon le corps et selon l'âme, et, lorsqu'ils sont parvenus à un certain âge, leur nature demande à produire. Mais, si elle ne peut le faire dans la laideur, elle le peut dans la beauté. L'union de l'homme et de la femme n'est autre chose qu'une procréation, et celle-ci est un acte divin, ce qui constitue l'immortalité de l'être mortel, à savoir la fécondation et la conception. Mais ce résultat ne peut être obtenu entre objets discordants. Or, si le laid est en désaccord avec le divin, le beau s'harmonise avec lui merveilleusement. Le beau est donc, pour la génération, à la fois le dieu de la conception et celui de l'enfantement. Aussi, lorsque l'être pris de désirs s'approche du beau, il s'emplit d'amour et de joie, féconde et reproduit; s'il s'approche, au contraire, du laid, il se replie sur lui-même, sombre et attristé, se détourne, se resserre, refuse de procréer, et, dans sa douleur, transporte ailleurs son germe inutile. C'est pourquoi l'homme qui se sent plein de semence fécondante et de mâle vigueur, se porte avec tant de fougue du côté de la beauté, qui doit satisfaire son désir de procréer; car ce n'est pas la beauté qui est le véritable objet de l'amour, mais bien la génération et la production dans la beauté. En effet, c'est la génération qui perpétue la famille des êtres animés et qui lui donne la seule immortalité que comporte la nature mortelle.

Mais quelle est donc la cause de cet amour et de ce désir? Ne remarque-t-on pas l'état étrange dans lequel se trouvent tous les animaux, quand ils éprouvent le besoin de se reproduire, qu'il s'agisse des volatiles ou des animaux terrestres? Comme ils paraissent tous malades et unis par l'amour, d'abord, à l'heure de l'accouplement, puis, à l'époque où ils nourrissent leurs petits! Comme ils défendent ceux-ci contre les animaux les plus forts et comme ils meurent pour eux! Comme, pour les mieux nourrir, ils supportent les tiraillements de la faim et toutes les autres privations! Sans doute, pour ce qui est des hommes, on pourrait dire qu'ils agissent de la sorte par raison; mais les animaux, d'où leur peut venir cette réciprocité dans l'amour, si ce n'est de la tendance qu'a la nature mortelle à se perpétuer et à se rendre immortelle autant qu'il est en elle? Or elle n'y peut atteindre que par la génération, qui fait succéder un être jeune à un être vieux.

De tout être vivant on se plaît à dire qu'il vit et demeure identique, comme on dit d'un homme, depuis sa naissance jusqu'à sa mort, qu'il vit et reste identique, quand, en réalité, il ne persiste jamais dans le même état, qu'il devient, au contraire, un individu nouveau dans sa chevelure, sa chair, ses os, son sang, tout son corps entier, et, non seulement dans son corps, mais encore dans son âme. C'est ainsi que les habitudes, les mœurs, les idées, les désirs, le plaisir, la douleur, la crainte, changent constamment dans l'être, les uns apparaissant tandis que les autres s'évanouissent. Voilà comment tout ce qui est mortel participe de l'immortalité, le corps aussi bien que le reste. Et c'est du désir de l'immortalité que viennent à tous les êtres animés le désir et l'amour.

Ceux donc qui sont capables de procréer selon la chair, se tournent de préférence vers les femmes et les aiment, car ils espèrent s'assurer, par la procréation des enfants, l'immortalité, la perpétuité de leur nom et le bonheur, à ce qu'ils imaginent, dans la suite des temps.

THÉOCRITE

Les IDYLLES de Théocrite n'ont point de rivales. Elles s'opposent avec avantage, pour le naturel, la grâce champêtre, la sincérité de l'expression, aux BUCOLIQUES de Virgile, qui est un citadin de l'âge d'or. Il semble vraiment, à les lire, que le poète ait oublié, un instant, les séductions des femmes de la ville, pour mieux concevoir et dépeindre la fruste passion des bergers et des bergères de son époque. Il se plaît particulièrement à l'étude des chagrins d'amour, auxquels il ne sait d'autre remède que le travail et la Muse, et aussi, et surtout, le recours à une passion nouvelle.

Ce qui est caractéristique chez les poètes grecs, mais surtout chez Théocrite, c'est l'absence à peu près totale du sentiment proprement dit. Tout, pour eux, dans l'amour qui a deux faces, s'il est complet, se ramène à une sensualité suraiguë, sans qu'ils se complaisent toutefois dans une description minutieuse, comme le fait Ovide en mainte rencontre. Les Grecs aiment l'harmonie et les justes proportions. Le détail, chez eux, se coule toujours dans un ensemble aux lignes pures. Ils sont d'abord amoureux de l'idéal, et c'est pourquoi l'emporte-

ment de la passion se masque toujours, dans leurs œuvres, sous une forme plus poétique que sensuelle, plus mythologique que réaliste. En un mot, ils harmonisent les faces complexes de l'homme, suivant une conception qui restera par excellence la conception artistique des poètes et des rêveurs.

LES IDYLLES

I

THYRSIS

Entonnez, Muses chéries, entonnez un chant bucolique ! C'est Thyrsis qui chante, Thyrsis de l'Etna !

Où étiez-vous donc, ô Nymphes, où étiez-vous quand se mourait Daphnis ? Sur le Pinde ou sur les bords du Pénée, qui arrose des vallées enchanteresses ? Car vous n'étiez alors ni sur les flots tumultueux du fleuve Anapos, ni sur les rochers de l'Etna, ni près de l'onde sacrée de l'Acis.

Entonnez, Muses chéries, entonnez un chant bucolique !

Les chacals et les loups pleurèrent Daphnis, et les lions de la forêt gémirent sur sa mort. Vaches et taureaux, génisses et veaux mugirent ensemble à son trépas !

Entonnez, Muses chéries, entonnez un chant bucolique !

Hermès, le premier, vint de la montagne et dit :
« Daphnis, pourquoi ton chagrin ? De qui, mon ami,
es-tu si fort épris ? » Puis vinrent les bouviers, les
pâtres et les chevriers, et tous l'interrogèrent sur la
cause de son mal. Puis apparut Priape, qui s'écria :
« Malheureux Daphnis, pourquoi te consumer ? Ta
jeune épouse court, infatigable, à ta recherche, le
long de tous les ruisseaux et dans tous les bosquets !
Ah ! tu es malheureux en amour et tu es intraitable !
Jadis, tu méritais de passer pour bouvier, aujour-
d'hui tu n'es plus qu'un chevrier ! Or quand le chevrier voit la chèvre supporter les assauts du bouc, des
larmes brûlantes perlent dans ses yeux et il se plaint
de n'être pas un bouc ! Et toi, quand tu vois les
jeux des jeunes filles, des larmes brûlent tes paupières, parce que tu ne partages pas leurs ébats ? »

Entonnez, Muses chéries, entonnez un chant bucolique !

Et Daphnis ne répondit rien ; mais il entretint sa
passion funeste, et le fit jusqu'au trépas !

Vint enfin Cypris, douce et souriante. Oui, elle
souriait doucement, mais son cœur semblait chagrin :
« Tu te vantais, en vérité, dit-elle, ô Daphnis, de
vaincre l'amour ; or n'es-tu pas dompté toi-même par
le redoutable Eros ? »

Et Daphnis lui répondit : « Insupportable Cypris,
Cypris détestée, Cypris ennemie des mortels, tu dis
que mon dernier jour a lui ! Mais Daphnis, même
dans l'Hadès, causera de cruels chagrins à Eros !
Quel bruit court donc sur Cypris et le bouvier ? Va

sur l'Ida, où croissent les chênes, car il n'est, ici,
que du gazon, et l'on n'entend que le doux bruisse-
ment des abeilles autour des ruches ! Va rejoindre
Anchise et le bel Adonis, puisque, lui aussi, paît des
brebis, poursuit les lièvres et chasse les fauves.
Dresse-toi de nouveau en face de Diomède et lui dis :
« J'ai vaincu le bouvier Daphnis, lutte avec moi ! »

Entonnez, Muses chéries, entonnez un chant bucolique !

« O loups ! ô chacals ! ô vous qui rôdez dans la
montagne, ours, adieu ! Daphnis, le bouvier, dorénavant ne vous chassera ni dans les forêts, ni sous
les chênaies, ni dans les bois sacrés ! Adieu, fontaine
de l'Aréthuse, et vous fleuves, qui roulez vos belles
ondes du haut du Thymbris ! C'est moi ce Daphnis,
qui paissait ici les vaches, qui gardait les génisses et
les taureaux ! »

Entonnez, Muses chéries, entonnez un chant bucolique !

« O Pan, ô Pan, que tu sois sur les hautes montagnes du Lycée, ou que tu parcoures le grand
Ménale, viens dans l'île de Sicile, abandonne le
sommet d'Hélica et le tombeau escarpé de la fille de
Lycaon, qu'admirent les bienheureux mêmes !

« Viens, ô roi, et prends cette belle syrinx aux sons
mélancoliques : elle est enduite de cire et s'adapte
bien aux lèvres ! Car déjà Eros m'entraîne dans
l'Hadès ! Désormais, ronces et acanthes, portez des
violettes, et toi, beau narcisse, déroule ta chevelure
sur le genévrier ? Que tout se transforme et que les

pins produisent des poires, puisque Daphnis est
mort! Que le cerf poursuive les chiens et que la
chouette des montagnes lutte par ses chants avec le
rossignol ! »

Achevez, ô Muses, allons, achevez ce chant bucolique !

Il dit, et se tut. Aphrodite voulait le ranimer; mais
les Parques tranchèrent tous les fils de sa vie, et
Daphnis descendit le courant qui le roula dans ses
flots, lui, l'homme chéri des Muses et que les Nymphes ne détestaient pas !

Achevez, ô Muses, allons, achevez ce chant bucolique !

II

LES MAGICIENNES

Maintenant que je suis seul, comment déplorer
mon amour? Par où commencer? D'où me vint ce
mal? La fille d'Euboulos, Anaxô, le jour où nous
conduisîmes les animaux les plus divers, entre autres
une lionne, autour de l'autel, vint chez nous, comme
canéphore, au bois sacré d'Artémis.

Apprends d'où me vint mon amour, vénérable Sélènè !

La nourrice thrace de Théocharidas — que ses os
reposent en paix ! — qui habitait à ma porte, vint me
prier, me supplier, d'aller voir le cortège. Infortunée ! je la suivis, vêtue d'un chitôn de lin fin sous
ma longue tunique à la Cléariste.

Apprends d'où me vint mon amour, vénérable
Sélènè !

En face de la maison de Lycône, à mi-chemin du
but, je vis, marchant côte à côte, Delphis et Euda-
mippos. Ils avaient la barbe plus blonde que la fleur
de l'immortelle, et la poitrine plus brillante, ô
Sélènè, que toi-même, car ils sortaient des nobles
jeux du gymnase.

Apprends d'où me vint mon amour, vénérable
Sélènè !

Malheureuse ! comme mon cœur fut profondément
blessé, comme il délirait à leur vue ! Mon visage
perdit ses couleurs roses, et de la procession je ne
vis plus rien ! Comment retournai-je à la maison ? je
ne le sais ; mais une fièvre intense me secoua les
membres, et, durant dix jours et dix nuits, je restai
étendue sur mon lit !

Apprends d'où me vint mon amour, vénérable
Sélènè !

Mon teint devint aussi jaune que la plante de
Thapsos, mes cheveux tombèrent, il ne me restait
plus que les os et la peau. Hélas ! à qui ne me suis-
je pas adressée ? Quelle magicienne, versée dans les
sortilèges, n'ai-je pas interrogée ? Mais rien ne me
soulageait, et le temps se passait !

Apprends d'où me vint mon amour, ô Sélènè !

Je révélai alors ma passion à mon esclave : « Thestylis, je t'en prie, trouve un remède à mon mal ! Le
Mydien me possède tout entière ! Va, surveille les
abords de la palestre de Timagète ; il s'y rend

souvent, car il se plaît à y couler ses heures. »

Apprends d'où me vint mon amour, vénérable
Sélènè !

« Quand tu le verras seul, fais-lui doucement
signe et lui dis : « Simoetha t'appelle ! » Puis
ramène-le jusqu'ici. » Je dis, et Thestylis s'en alla et
ramena dans ma demeure Delphis à la peau écla-
tante. Et, dès que je lui vis franchir, d'un pas léger,
le seuil de ma porte, mon corps tout entier devint
plus froid que la neige, et la sueur dégoutta de mon
front, semblable à la rosée qui suit le vent du sud. Je
ne pus ni parler, ni même gémir comme l'enfant
qui, dans son sommeil, gazouille le nom de sa mère
bien-aimée. Je me changeai en poupée de cire, et
mon beau corps demeura sans mouvement.

Apprends d'où me vint mon amour, vénérable
Sélènè !

Le cruel, en ma présence, fixa les yeux à terre,
s'assit sur ma couche et dit: « Certes, en m'appelant
dans une maison, où j'allais venir, ô Simoetha ! tu ne
m'as devancé que de peu, d'aussi peu que j'ai, hier,
devancé à la course le beau Philinos. Car j'y serais
venu, oui, j'y serais venu, féru d'amour, avec quel-
ques-uns de mes amis, dès cette nuit, portant dans
ma poitrine des pommes de Dionysos, et sur ma tête
des rameaux de peuplier, l'arbre cher à Héraklès,
entrelacés de rouges bandelettes. Si tu m'avais reçu,
moi, qui passe pour le plus agile et le plus beau des
jeunes hommes, j'eusse été au comble du bonheur
J'aurais dormi, satisfait, même en ne baisant que

tes lèvres divines. Si, au contraire, tu m'avais repoussé, si la barre de ta porte ne s'était pas ébranlée,
par le fer et le feu, je me serais ouvert un chemin
jusqu'à toi ! C'est à Cypris, d'abord, que je dois de
la reconnaissance; puis à toi, qui me délivres de
feux dévorants, ô femme, en m'appelant dans ta
demeure; car j'étais à demi consumé déjà, Eros
allumant des feux plus terribles que ceux d'Héphœstos
de Lipari. N'est-ce pas lui, en effet, qui pousse la
vierge, tourmentée par une passion farouche, à
s'échapper de son foyer, et la jeune femme à abandonner la couche tiède encore de son époux? »

Apprends d'où me vint mon amour, vénérable
Sélènè !

Il dit, et moi, prompte à la confiance, je lui saisis
la main et me laissai tomber sur ma couche moelleuse.
Mon corps uni à son corps s'enflamma sur-le-champ,
le sang envahit notre visage et de douces paroles
couraient sur nos lèvres. Pour ne point te fatiguer
par de vains discours, apprends, ô Sélènè, que nous
accomplîmes le grand acte d'amour, et apaisâmes nos
désirs réciproquement. Et jusqu'à hier, nous avions
été purs et sans reproche l'un et l'autre !

III

LES BOUCOLIASTES

Damœtas et le bouvier Daphnis réunirent jadis, ô
Aratos, leurs troupeaux dans un même lieu. L'un

avait les joues ombrées, l'autre à demi barbues.
Assis près d'une source, par un midi estival, ils chan-
tèrent tous les deux comme suit. C'est Daphnis qui
commença comme ayant porté le défi :

« Polyphème, Galatée lance des pommes à ton
troupeau et dit de toi que tu es un gardien de chèvres
maladroit en amour. Et toi, malheureux ! tu ne la
regardes pas, et restes assis à jouer mélancoliquement
de la flûte. Vois, à nouveau elle frappe ta chienne,
qui monte la garde près de tes brebis. Et, regardant
la mer, ta chienne aboie, car dans ses ondes moirées
elle réfléchit son image, tandis qu'elle gambade sur
la grève d'où murmure le flot. Crie-lui de ne point
mordre les mollets de l'enfant, au sortir de l'onde,
ni de déchirer sa belle peau ! Or Galatée se balance
doucement devant toi, et, de même que les graines
desséchées du chardon, lorsque les grille l'été
radieux, elle fuit celui qui la désire, et poursuit
celui qui l'évite. Elle écarte aussi le caillou de la
ligne sacrée ; car, ô Polyphème, l'amour souvent
trouve beau ce qui ne l'est pas ! »

Et Damœtas, à son tour, se mit à chanter amoureusement :

« Je l'ai vue, par Pan ! lorsqu'elle lutinait mon
troupeau. Elle n'a point échappé à mon œil unique,
qui m'éclairera jusqu'au trépas ! Que le devin Télé-
mos, l'homme aux funestes prédictions, les clame
contre son propre foyer et les réserve à ses enfants !

Mais c'est bien moi qui, pour la rendre jalouse, ne la regarde pas et dis aimer quelque autre femme ! Et, entendant mes paroles, elle s'emporte contre moi, ô Pœan ! et brûle d'amour ! Furieuse, elle bondit de la mer et jette des regards d'envie sur mon antre et mes troupeaux. Du geste, j'excite ma chienne à aboyer contre elle, car, lorsque j'aimais Galatée, elle jappait de plaisir et du museau caressait ses hanches. En me voyant souvent agir ainsi, elle m'enverra un messager. Mais moi, je fermerai ma porte jusqu'à ce qu'elle me jure de dresser pour moi une belle couche dans cette île. Je n'ai pas, en somme, le laid visage qu'on dit ! Avant-hier, je me regardai dans le calme miroir des flots, et il me parut, si je suis bon juge, que mes joues étaient belles, et beau mon œil unique, et la blancheur de mes dents l'emportait sur le marbre de Paros ! Pour conjurer le sort, par trois fois j'ai craché dans ma poitrine, comme me l'enseigna la vieille Cotytaris. »

IV

LE CYCLOPE

O blanche Galatée, pourquoi repousses-tu celui qui t'aime, ô toi qui es plus blanche que le lait caillé, plus tendre qu'un agneau, plus fière que la génisse, plus brillante que le raisin vert ? C'est bien ainsi que tu viens à moi, quand je cède au doux sommeil, et que tu te sauves soudain, quand il m'abandonne ;

et tu fuis comme la brebis à la vue d'un loup blanc !

Je me suis épris de toi, jeune fille, quand, pour la première fois, tu vins avec ma mère, désireuse de cueillir des feuilles d'hyacinthe sur la montagne. C'est moi qui vous servais de guide. Et depuis ce temps je n'ai pu t'oublier ! Mais, par Jupiter ! que t'importe à toi !

Je sais, ô gracieuse jeune fille, pourquoi tu me fuis : c'est qu'un sourcil où se hérissent les poils couvre tout mon front, d'une oreille à l'autre, comme ferait un sourcil unique ; c'est que je n'ai qu'un œil et un large nez qui me retombe sur la lèvre. Pourtant, tel que je suis, je pais mille troupeaux ; ils me donnent le lait le meilleur, que je bois, et le fromage ne me fait défaut ni l'été, ni l'automne, ni à la fin de l'hiver ; et mes clayons en sont surchargés. Je suis habile à jouer de la flûte, et l'emporte sur tous les Cyclopes, et souvent je te chante, ma douce pomme chérie, en même temps que ma passion, jusqu'à une heure indue de la nuit. Je nourris pour toi onze faons mouchetés et quatre petits ours. Mais, viens à moi, et tu n'auras pas à le regretter !

Laisse la mer azurée frapper le rivage ! Tu passeras des nuits plus agréables près de moi, dans ma grotte. Là, tu trouveras des lauriers, des cyprès délicats, le lierre noir, la vigne aux doux fruits, et l'eau fraîche, boisson divine, que l'Etna boisé fait sourdre de sa blanche neige ! Or, qui préférerait à cela les flots de la mer ?

Et s'il te semble que je suis trop velu, j'ai du bois

de chêne et du feu qui ne s'éteint jamais sous la cendre; je consens que tu brûles mon cœur et mon œil unique, qui m'est plus cher que tout !

Hélas ! pourquoi ma mère ne m'a-t-elle pas mis au monde avec des ouïes? J'irais à toi, et, à défaut de tes lèvres, je baiserais ta main ! et t'apporterais ou le lis blanc ou le pavot délicat, qui porte des cliquettes rouges; mais, comme les uns poussent en été et les autres en hiver, je ne pourrais te les apporter à la fois !

Dorénavant, ô jeune fille, si quelque étranger aborde ici avec son navire, j'apprendrai à plonger, afin de savoir quel plaisir tu trouves à habiter le fond de l'eau. Puisses-tu en sortir, et, l'ayant fait, oublier de retourner à ta demeure, comme je fais maintenant, assis en cet endroit ! Puisses-tu enfin consentir à être bergère avec moi, à traire le lait et à fabriquer le fromage, en y mêlant l'aigre présure !

C'est ma mère seule qui m'a nui près de toi, et je le lui reproche ! Jamais elle ne t'a parlé doucement de son fils, et pourtant, de jour en jour, elle me voyait maigrir! Je lui dirai que j'ai des élancements dans la tête et les pieds, afin qu'elle souffre, puisque je souffre !

O Cyclope ! Cyclope ! où donc ton esprit s'est-il envolé? Puisses-tu, quittant cette plage, tresser des paniers d'osier et cueillir des feuilles pour tes agneaux ! En vérité, ta raison se trouverait bientôt mieux ! Trais la brebis qui est sous ta main, et ne cours pas après celle qui fuit ! Tu trouveras une

autre Galatée, et plus belle encore! Beaucoup de
jeunes filles m'invitent à jouer avec elles, et toutes
elles me sourient quand je leur prête l'oreille. Il est
clair que l'on compte encore, en ce pays, Polyphème
pour quelque chose !

V

ÉPITHALAME D'HÉLÈNE

A Sparte, jadis, dans la demeure du blond Ménélas, des jeunes filles, mêlant à leurs cheveux
l'hyacinthe en fleurs, formèrent un chœur devant la
chambre nuptiale fraîchement décorée. Elles étaient
les douze premières de la cité, la noble fleur de la
Laconie, et c'était le jour où le plus jeune fils d'Atrée
conduisait dans sa chambre son épouse, Hélène, la
plus aimée des Tyndarides. Elles chantaient en
chœur le même hymne, frappant la terre de leurs
pieds entrelacés et faisant retentir la demeure de
leur cri d'hyménée :

« Quoi ? cher époux, tu t'endors déjà ? As-tu les
jambes à ce point alourdies ? Trouves-tu tant de
charme au sommeil ? Ou bien as-tu pris un vin trop
abondant avant de rejoindre la couche nuptiale ? Si
tu pensais dormir à ton habitude, pourquoi n'avoir
pas dormi tout seul ? pourquoi n'avoir pas laissé
cette enfant jouer avec ses compagnes jusqu'à l'aurore, aux côtés de sa mère bien-aimée ? Aussi bien,

Ménélas, cette jeune femme t'appartiendra et demain, et le jour suivant, et cette année, et toujours ! Heureux époux ! dans sa bienveillance, quelque dieu t'accorda un présage favorable, quand, venant à Sparte, où se trouvaient réunis les autres princes, tu vis se réaliser tous tes vœux !

Seul, parmi les demi-dieux, tu auras pour beau-père Zeus, ô toi dont la fille du Kronide, sans égale parmi les femmes qui foulent la terre d'Achaïe, est venue partager la couche ! Elle te donnera une belle progéniture, si elle met au monde des enfants semblables à leur mère. Nous étions des compagnes, ayant son âge, nous plaisant, comme des hommes, à courir, frottées d'huile, près des bains de l'Eurôtas. Nous sommes quatre fois soixante jeunes filles, troupe séduisante dont pas une, si on la comparait à Hélène, ne serait sans défaut ! La lune montre à l'horizon un disque radieux, quand l'hiver fuit devant le doux printemps : telle, Hélène à la fauve chevelure, resplendit parmi nous. Une moisson frissonnante fait la gloire des champs fertiles, le cyprès celle des jardins, le cheval thessalien celle de son char : telle, Hélène à la peau de rose, fait la gloire de Lacédémone !

« Nulle ne brode, du fil de sa corbeille, des ouvrages aussi parfaits ; nulle de celles qui font glisser la navette sur un bon métier ne tresse un tissu plus fin ; nulle ne sait jouer de la lyre, en l'honneur d'Artémis et d'Athènè à la gorge opulente, comme le fait Hélène dans les yeux de qui les amours ont fait leur nid !

« O belle, ô gracieuse jeune fille, te voilà maîtresse
de maison ! Pour nous, nous irons courir encore, au
printemps, dans l'arène et tresser dans les prairies
herbeuses des couronnes parfumées; mais nous gar-
derons toujours ton souvenir, chère Hélène : tels les
jeunes agneaux regrettent la mamelle de celle qui
leur donna le jour ! Nous te tresserons d'abord, avec
les lotus qui rampent sur le sol, une couronne qu'on
suspendra à un platane ombreux, et puiserons pour
toi, avec une fiole d'argent, une onde odorante dont
on fera des libations à l'ombre du platane ; puis, sur
son écorce, nous graverons, pour le passant, ces mots
d'une concision dorienne : « Honore-moi, je suis
l'arbre d'Hélène ! »

« Sois heureuse, jeune femme, sois heureux,
époux, qui a Zeus pour beau-père ! Que Latone, favorable à la jeunesse, vous accorde une belle progéniture ! Que Cypris, la déesse Cypris, vous enflamme
du même amour, et que Zeus, le Kronide, vous donne
des richesses à l'abri de tout danger et capables de
passer de parents illustres à d'illustres enfants !

« Dormez dans les bras l'un de l'autre, férus
d'amour et de désirs ! mais n'oubliez point de vous
éveiller à l'aurore ! Nous viendrons, nous aussi, au
matin, quand le coq, sur la branche où il gîte, aura
gonflé sa gorge chatoyante pour pousser son premier
chant ! Hymen ! ô hyménée ! réjouis-toi de cette
union ! »

VI

LE BOUVIER

Pour l'avoir voulu embrasser, Eunicè se moque de moi, et, dans sa raillerie : « Va-t'en loin de moi, dit-elle, tu n'es qu'un bouvier, et tu veux, misérable, me donner un baiser ! Je n'ai pas appris à aimer des rustres, et mes lèvres ne se posent que sur des lèvres citadines ! Que jamais, pas même en songe, tu ne baises ma bouche charmante ! Quels regards, en vérité ! quel langage ! quelles grossières plaisanteries ! Quel joli babil vraiment ! quels discours séducteurs ! Comme ta barbe est douce ! Combien belle ta chevelure ! Mais tu as des lèvres exsangues et des mains noires, et tu sens mauvais ! Écarte-toi donc : tu me salirais ! »

Et, tout en parlant, elle crachait par trois fois dans son sein, me toisant de la tête aux pieds ; et, tandis que ses lèvres faisaient la moue, ses yeux me jetaient un regard dédaigneux. Toute bouffie de l'orgueil de sa beauté, l'insolente riait de moi aux éclats ! Soudain mon sang bouillonna et je rougis de honte, comme une rose sous la rosée ! Alors, reculant devant moi, Eunicè s'enfuit ! Et, mon cœur s'est gonflé de colère, pour avoir été, moi si gracieux, la risée d'une courtisane revêche !

Dites-le-moi sans détour, ô bergers : ne suis-je pas beau ? Est-ce qu'un dieu m'aurait changé soudain en un autre homme ? Jadis, comme le lierre sur le tronc,

les charmes de la beauté fleurissaient sur mon
corps! Ma barbe était soyeuse; ma chevelure, pareille
aux frisures des feuilles d'ache, flottait sur mes
tempes, et la blancheur de mon front tranchait sur le
noir de mes sourcils. Mes yeux étaient plus azurés
que ceux de la divine Athènè, ma bouche plus fraîche
que le fromage récemment pressé, et de mes lèvres
coulaient des sons plus doux que le miel au sortir
des alvéoles de cire! Enfin, que je joue de la syrinx
ou de la flûte, du hautbois ou du chalumeau, mes
modulations enchantent les oreilles.

Toutes les femmes de la montagne proclament ma
beauté; toutes m'accordent leurs baisers, et voilà
que, loin de me prendre dans ses bras, cette enfant
de la ville, parce que je suis un bouvier, fuit sans
vouloir m'écouter!

Et cependant le beau Dionysos lui-même fit paître
des génisses dans les vallons!

Elle ne veut pas savoir que Cypris, follement éprise
d'un bouvier, garda les moutons dans les montagnes
de Phrygie, qu'elle aima et pleura Adonis parmi les
chênes de la forêt! Et qu'était donc Endymion,
sinon un bouvier? Pourtant il fut aimé de Sélènè,
pendant qu'il paissait ses bœufs! Volant du haut de
l'Olympe, elle descendit dans la vallée de Latmos,
et dormit avec l'enfant! Et toi, Rhéa, tu pleuras de
même un bouvier, et toi enfin, ô Kronide, n'est-ce
point pour un jeune bouvier que tu pris la forme d'un
oiseau?

Seule, Eunicè n'aima point un bouvier! En vérité,

elle l'emporte sur Cybèle, sur Cypris, sur Sélènè !
Puisse-t-elle, ô Cypris, ne plus embrasser, ni à la
ville ni à la montagne, l'amant de son cœur, et dormir
seule la nuit !

VII

OARISTYS

LA JEUNE FILLE

C'est un bouvier comme toi, c'est Pâris qui ravit
la prudente Hélène.

DAPHNIS

Ou plutôt c'est Hélène qui se plut à séduire le
bouvier par ses caresses.

LA JEUNE FILLE

Ne sois pas vain, petit satyre ! Un baiser, on le sait,
n'est rien !

DAPHNIS, l'embrassant.

Et pourtant un simple baiser procure une douce
volupté !

LA JEUNE FILLE

Oh ! je m'essuie les lèvres ; je chasse ton baiser !

DAPHNIS

Tu essuies tes lèvres ? Donne, que je les baise de
nouveau !

LA JEUNE FILLE

Baise tes génisses, c'est assez bon pour toi! mais non pas une jeune fille, libre encore du joug.

DAPHNIS

Ne fais pas la fière ! Ta jeunesse passera vite, comme un songe.

LA JEUNE FILLE

La grappe de raisin ne sèche-t-elle point ? la rose flétrie ne périt-elle pas ?

DAPHNIS

Voilà, déjà je vieillis ; et je ne bois que du lait et du miel !

LA JEUNE FILLE

N'approche pas ta main : je te déchirerai tes lèvres !

DAPHNIS

Viens sous ces oliviers sauvages : je veux te dire quelque chose.

LA JEUNE FILLE

Non ! je me suis déjà laissé prendre à tes belles paroles !

DAPHNIS

Viens sous ces ormeaux : tu entendras ma flûte.

LA JEUNE FILLE

Garde ta musique pour toi : je n'aime pas les lamentations.

DAPHNIS

Ah ! redoute, toi aussi, redoute, jeune fille, la colère de Paphia !

LA JEUNE FILLE

Que m'importe Paphia ! pourvu qu'Artémis me soit
propice !

DAPHNIS

Ne dis pas cela ! Prends garde qu'elle ne te frappe,
et que tu ne tombes à jamais dans son filet !

LA JEUNE FILLE

Qu'elle me frappe, s'il lui plaît ! Je te le répète,
Artémis me protégera !

DAPHNIS

Tu n'échapperas pas à Eros : aucune jeune fille ne
lui échappe !

LA JEUNE FILLE

Je lui échapperai, par Pan ! Mais toi, puisses-tu à
jamais porter son joug !

DAPHNIS

Je crains bien qu'il ne te livre à un amant qui ne
me vaudra pas !

LA JEUNE FILLE

Beaucoup m'ont recherchée ; aucun n'a touché
mon cœur !

DAPHNIS

A mon tour, je suis de leur nombre, et prétends à
ton amour!

LA JEUNE FILLE

Et pourquoi, mon ami ? Le mariage n'apporte que
chagrins !

DAPHNIS

Non! Ce sont des joies et non l'ennui ou la douleur
que procure le mariage !

LA JEUNE FILLE

Quoi ? ne dit-on pas que la femme redoute le
mari ?

DAPHNIS

Au contraire, elle le gouverne ! D'ailleurs, que
craint la femme ?

LA JEUNE FILLE

Je crains d'accoucher! Les flèches d'Ilithyie sont
cruelles !

DAPHNIS

Ta souveraine, Artémis, allège les douleurs de
l'enfantement!

LA JEUNE FILLE

Et pourtant j'ai peur d'avoir des enfants ; mon
beau corps se fanerait!

DAPHNIS

Si tu donnes le jour à de beaux enfants, tu vivras
une vie charmante dans tes propres fils !

LA JEUNE FILLE

Et, si je consens, quel dot m'apporteras-tu, qui mpense le mariage?

DAPHNIS

Tout ce troupeau, tous ces bois, toute cette prairie!

LA JEUNE FILLE

Jure qu'après m'avoir possédée tu ne m'abandonneras pas dans l'affliction!

DAPHNIS

Je le jure par le dieu Pan! essayerais-tu même de me chasser!

LA JEUNE FILLE

Me fais-tu préparer une chambre? construire un foyer et des étables?

DAPHNIS

Ta chambre sera prête, et j'engraisse pour toi ces beaux troupeaux!

LA JEUNE FILLE

Mais que dirai-je à mon vieux père? Quel discours lui tenir?

DAPHNIS

Il approuvera notre union, dès qu'il saura mon nom.

LA JEUNE FILLE

Dis-le donc! souvent c'est le nom qui nous charme!

DAPHNIS

Je m'appelle Daphnis ; j'ai pour père Lycidas et pour mère Nomœa.

LA JEUNE FILLE

Tes parents sont d'honnêtes gens, et, sous ce rapport, je suis ton égale !

DAPHNIS

Je le sais, tu es de bonne famille ; tu as pour père Ménalcas.

LA JEUNE FILLE

Montre-moi tes bois ! Où sont tes étables ?

DAPHNIS

Ici. Vois comme fleurissent mes cyprès élancés !

LA JEUNE FILLE

Broutez, mes chèvres : je vais visiter les domaines du bouvier.

DAPHNIS

Paissez en paix, mes taureaux : je vais montrer mes bois à la jeune fille.

LA JEUNE FILLE

Que fais-tu, petit satyre ? Pourquoi caresses-tu mon sein, sous mon vêtement ?

DAPHNIS

Je veux initier d'abord ces pommes à l'amour,... et ce jeune duvet...

LA JEUNE FILLE

Je me meurs, par Pan ! ôte ta main !

DAPHNIS

Sois sans crainte, ma vierge bien-aimée ! Pourquoi trembler ? Comme tu es peureuse !

LA JEUNE FILLE

Tu me renverses dans le fossé et salis mes beaux vêtements !

DAPHNIS

Non, voici, j'étends sous toi une moelleuse toison.

LA JEUNE FILLE

Hélas ! hélas ! tu m'arraches aussi ma ceinture ! Pourquoi l'avoir dénouée ?

DAPHNIS

C'est ma première offrande à Paphia !

LA JEUNE FILLE

Arrête, malheureux ! Quelqu'un vient ! J'entends du bruit !

DAPHNIS

Ce sont les cyprès qui se content doucement ton hymen !

LA JEUNE FILLE

Ma tunique, tu l'as mise en lambeaux ! me voici nue !

DAPHNIS

Je te donnerai une autre tunique, plus grande que
la tienne !

LA JEUNE FILLE

Tu promets tout, et demain, peut-être, tu ne me
donneras pas même du sel !

DAPHNIS

Je voudrais te donner jusqu'à mon âme !

LA JEUNE FILLE

Artémis, sois sans colère ! Je renie tes enseigne-
ments !

DAPHNIS

J'immolerai une génisse à Eros et une vache à
Aphrodite !

LA JEUNE FILLE

Vierge, je vins ici, et je retournerai femme à la
maison !

DAPHNIS

Oui, tu seras femme, tu seras une mère qui allai-
tera ses enfants, et non plus une jeune fille !

Ainsi, abandonnant à la volupté leurs membres
encore verts, ils jasaient ensemble, et leur union
furtive s'accomplit ! La jeune fille s'étant relevée,
mena silencieusement paître ses brebis, les yeux
baissés de honte, mais le cœur secrètement en fête !
Daphnis, près de ses génisses, songeait avec joie à
la victoire de son amour !

BION ET MOSCHUS

Bion et Moschus, comparables en cela aux grands poètes grecs, mêlent harmonieusement l'amour et la nature. Mieux que tous les autres, peut-être, ils savent aiguiser l'expression et chanter en termes, toujours choisis avec goût, l'énergie brûlante de la volupté des sens.

Ils sont fidèles à la mythologie hellénique; mais ils l'interprètent et l'appliquent avec bonheur à la vie de tous les jours. La Cypris de Bion chante, sur le corps de son amant, un cantique d'amour où la passion s'exprime comme elle fait dans celui de Salomon. Chaque mot est un charbon ardent. Et pourtant nulle crudité !

A son tour, Moschus raconte dans des vers, dont la forme même a quelque chose de souverainement voluptueux, les amours d'Europe et de Zeus. Sans choquer le lecteur, il nous dit comment un taureau emporte une jeune fille, comment il l'invite à la caresse, comment il éveille ses sentiments.

Mais, qu'il s'agisse de Bion ou de Moschus, la nature prend part, dans le poème, au réveil des sens et à l'épanouissement du cœur des personnages humains. Et il en naît une poésie débordante, une poésie panthéistique où s'entre-mêlent passionnément les baisers des fleurs, des bêtes et des hommes.

LES IDYLLES DE BION

CHANT FUNÈBRE D'ADONIS

Chante, ô ma lyre, chante le trépas du bel Adonis ! « Le bel Adonis n'est plus ! » gémissent les Amours. Ne sommeille plus, ô Cypris ! dans ta robe de pourpre ; réveille-toi, déesse infortunée, revêts tes habits de deuil, frappe ta poitrine et crie à tous : « Le bel Adonis n'est plus ! »

Chante, ô ma lyre, le bel Adonis ; les Amours te feront écho !

Adonis est étendu dans la montagne : une dent cruelle a blessé profondément sa cuisse d'albâtre ; sa respiration se réduit à un souffle léger ; Cypris tremble de peur. Un ruisseau de sang noir inonde ses membres de neige ; sous les sourcils, l'œil s'éteint lentement, les roses tombent de ses lèvres, le baiser même, à qui Cypris ne saurait renoncer, y meurt sans retour. La déesse trouve encore de la douceur au baiser de cette bouche refroidie. Mais Adonis ne sait pas qu'elle baise ses lèvres jusque dans le trépas !

Chante, ô ma lyre, le bel Adonis ; les Amours te feront écho !

Une blessure, une cruelle blessure déchire ta jambe, ô Adonis! mais Cypris en porte une plus terrible au fond du cœur! Ses chiens fidèles hurlent douloureusement autour de lui ; les Nymphes, filles des montagnes, pleurent à ses côtés ; mais Aphrodite erre, les cheveux en désordre, sans voile, les pieds nus, folle de douleur, parmi les ténèbres des bois. Les ronces déchirent les pieds de la déesse errante et boivent son sang divin. Qu'importe ! elle se précipite avec des cris lamentables à travers les profondes vallées, appelle son époux assyrien, le redemande à tous les échos!

Malheur à toi, Cythérée, malheur à toi ! Les Amours mêlent leurs pleurs aux tiens !

Tandis qu'un sang noir jaillit de la blessure et inonde sa poitrine, sa gorge, jadis de neige, se colore de pourpre. « Malheur à toi, ô Cythérée ! » s'écrient les Amours en chœur. Avec son tendre époux s'en sont allés les charmes de son corps divin. Belle était Cypris du vivant d'Adonis; avec Adonis a disparu la beauté de Cypris. Hélas ! hélas! Toutes les montagnes, toutes les forêts pleurent Adonis. Tristes, les fleuves pleurent douloureusement sur Aphrodite ; et ce sont des larmes que, du haut des monts, les sources répandent sur Adonis ; les fleurs pâlissent de chagrin; partout, à travers la montagne, à travers les vallons boisés retentissent les cris de douleur de Cythérée. Et l'Écho lui répond : « Mort est le bel Adonis! » Qui donc ne verserait pas une larme sur le triste amour de Cypris ?

Lorsqu'elle vit et reconnut la mortelle blessure d'Adonis, lorsqu'elle aperçut la tache purpurine du sang sur sa cuisse flétrie, elle leva les bras au ciel avec ces mots : « Reste, Adonis ! reste, malheureux ! que je te prenne une dernière fois dans mes bras, que je t'enlace et pose mes lèvres sur tes lèvres ! Un instant seulement réveille-toi, Adonis, pour mon dernier baiser ! Donne-moi ta bouche, tant qu'il y reste un souffle de vie ! Que ton haleine remonte de ton âme jusque dans ma bouche, et qu'elle se répande dans ma poitrine, afin qu'en savourant ce doux philtre, je boive ton amour jusqu'à la lie ! Ton baiser, je le conserverai, comme toi-même, puisque tu me fuis, ô malheureux ! Tu fuis loin de moi, cher Adonis ; tu descends sur les bords de l'Achéron, vers le roi redoutable et cruel. Et moi, malheureuse, je vis et ne puis, comme déesse, te suivre là-bas ! Prends donc mon époux, ô Proserpine ; tu es bien plus puissante que moi, et c'est vers toi que descend tout ce qu'il y a de beau. Je suis au comble de l'infortune et mon chagrin est sans bornes : il me faut à la fois pleurer sur la mort d'Adonis et trembler devant toi ! O trois fois cher époux ! tu meurs et mon amour s'envole comme un songe. Cythérée est veuve ; les Amours errent sans but dans ma demeure ; ma ceinture a péri avec toi. Mais aussi, téméraire, pourquoi allais-tu à la chasse ? O Beauté, d'où te vient cette témérité de combattre une bête féroce ? »

Ainsi gémissait Cypris, et les Amours lui faisaient

écho : « Malheur à toi, triste Cythérée, il n'est plus, le bel Adonis ! » Et Cypris verse autant de larmes qu'Adonis perd de sang ; et les deux ruisseaux, en se répandant sur le sol, se changent en fleurs ; le sang engendre des roses ; les larmes enfantent l'anémone. Mais ne va pas, ô Cypris, pleurer ton époux à l'ombre des grands chênes ; déjà s'apprête pour Adonis une couche moelleuse, une couche de feuillages. Regarde, Cythérée, le voici étendu sur ta propre couche !

Tu es mort, Adonis, et jusque dans la mort tu gardes ta beauté, on dirait que tu sommeilles dans ton trépas !

Étends-le sur ces tapis profonds, où il reposait jadis, où, durant la nuit, le divin sommeil le berçait à tes côtés, sur ta couche dorée. La tristesse enveloppe maintenant ton époux. Jette sur lui des guirlandes et des fleurs. Tout est mort, tout s'en est allé avec lui ! Les fleurs se sont flétries ! Inonde-le d'essences odorantes, ô déesse ! inonde-le de parfums !

Mais périssent tous les parfums ! car ton parfum n'est plus, cher Adonis ! Le voici étendu, pâle, sur des vêtements de pourpre ; autour de lui gémissent les Amours éplorés ; en son honneur ils ont coupé leur chevelure. L'un foule aux pieds ses flèches ; l'autre, son arc ; celui-ci brise le carquois vidé ; celui-là délie ses chaussures. Ils s'empressent tous d'apporter de l'eau dans des vases d'or, de laver sa cuisse blessée, de rafraîchir son visage en agitant leurs ailes légères.

« Hélas ! Cythérée, hélas ! » gémissent en chœur les Amours.

Sur le seuil de son temple, Hyménée a soufflé son flambeau et dispersé aux quatre vents la couronne nuptiale. On n'entend plus le doux cri : « Hymen ! hymen ! » mais ce mot lugubre : « Hélas ! hélas ! » Malheureux Adonis ! et plus encore, ô Hyménée ! Les Charites répandent leurs larmes sur le fils de Cinyre : « Il n'est plus, le bel Adonis ! » se disent-elles les unes aux autres. « Hélas ! Cythérée, hélas ! » gémissent en chœur les Amours ; et leurs cris sont plus perçants que les tiens, ô Dioné !

Les Muses élevèrent leurs voix plaintives : « Adonis, reste avec nous ! » chantent-elles ; mais il ne prête pas l'oreille à leur appel ; car, le voudrait-il, Proserpine ne le délivrerait point.

Cesse de soupirer, ô Cythérée ; mets un terme à ton chagrin : l'an prochain, il te faudra encore pleurer et gémir.

LES IDYLLES DE MOSCHUS

I

L'AMOUR FUGITIF

A grands cris, Cypris appelait l'Amour, son fils : « Si quelqu'un a vu l'Amour errer par les chemins, sachez qu'il a fui loin de moi ; celui qui m'en don-

nera des nouvelles, recevra une récompense, et cette
récompense sera un baiser de Vénus ! Si vous me le
ramenez, vous aurez même quelque chose de plus.
Cet enfant porte des marques distinctives, et vous le
reconnaîtriez entre vingt autres.

Il n'a pas le teint pâle ; il est semblable au feu. Il a
les yeux remplis de flammes, l'esprit malin, le parler
doux ; car, chez lui, les paroles ne sont pas l'écho de
l'âme. Sa voix est douce comme le miel, et pourtant
il s'y rencontre un filet de fiel. Il est trompeur et terrible en tout ; c'est un enfant qui se plaît aux jeux
sanglants. Sa tête se perd sous les boucles de son
opulente chevelure, mais l'impudence éclate sur ses
traits. Ses mains sont à la fois petites et fines, mais
elles lancent des flèches qui frappent au loin, qui
atteignent jusqu'au sombre roi des enfers. Certes, il
va le corps tout nu ; mais sa pensée demeure impéné-
trable ; il voltige comme l'oiseau, enfermant dans
son cercle les hommes et les femmes à tour de rôle,
et se fixant au fond des cœurs. Petit est son arc, petites sont les flèches qu'il y place ; mais cet arc léger
lance ses flèches jusque dans les profondeurs du ciel.
A ses épaules est suspendu un petit carquois d'or, où
sont les traits amers, qui souvent me blessèrent moi-
même. Tout est redoutable en lui, tout, mais d'abord
le flambeau, qui, malgré sa petitesse, consume jusqu'au soleil !

Saisissez-le, amenez-le-moi dans les fers et ne
vous laissez pas toucher de pitié ! Si, d'aventure,
vous le voyez pleurer, méfiez-vous-en : il vous

trompe! S'il rit, resserrez ses liens; s'il veut vous embrasser, éloignez-vous de lui : terrible est son baiser, et ses lèvres sont empoisonnées. S'il dit : « Prenez tout ceci, je vous fais cadeau de toutes mes armes, » n'y touchez pas : c'est un présent perfide; toutes ses armes ont passé par le feu!

II

ENLÈVEMENT D'EUROPE

Lorsque les jeunes suivantes d'Europe furent arrivées dans les prairies émaillées de fleurs, elles se mirent à la cueillette, chacune prenant la sienne, l'une le narcisse odorant, l'autre l'hyacinthe, celle-ci la violette, celle-là le serpolet. Et sur la prairie fécondée par le printemps tombe toute une moisson de pétales. A l'envi, certaines d'entre elles cueillent le calice embaumé du souci d'or.

Cependant, au milieu de ses compagnes, Europe, semblable à Vénus qui l'emporte dans le cercle des Charites, cueillait de sa main blanche la rose vermeille. Mais elle ne devait pas longtemps s'amuser à cueillir des fleurs, ni conserver intacte sa ceinture virginale; car lorsque Zeus l'aperçut, il sentit chavirer son cœur, atteint profondément par la flèche soudaine de Cypris, qui, seule, peut vaincre jusqu'au maître des dieux! Or, voulant éviter la colère et la jalousie de Junon, et surprendre la jeune âme de l'enfant, il voila le dieu, changea de forme et se transforma en taureau. Il n'était pas semblable ainsi aux taureaux qu'on nourrit dans les étables, ou qui de la charrue recourbée tracent des sillons dans la terre, ou qui paissent parmi les troupeaux, ou qui, pliés sous le joug, traînent à la ville, un lourd chariot; tout son corps était d'un jaune brun, mais un cercle d'argent brillait au milieu de son front; ses yeux glauques étincelaient de désirs; deux cornes de grandeur égale se recourbaient sur sa tête comme le croissant de la lune.

Il s'avança dans la plaine, sans effaroucher les jeunes filles. Bien mieux celles-ci se plurent à se rapprocher de lui, à le caresser dans sa douceur. Son souffle, d'ailleurs, respirait un parfum plus suave que celui qu'exhalait la prairie. Mais voici qu'il se serre contre la belle Europe, léchant doucement le cou de la vierge séduisante et se frottant contre elle. Et celle-ci le caresse, et de la main essuie l'écume qui inonde son mufle, et lui met un baiser sur le front. Le taureau y répond par un meuglement de joie; on eût dit le son voluptueux qui s'échappe de la flûte mygdonienne. Puis, courbant ses genoux, il considère Europe, tourne vers elle ses flancs et offre sa croupe puissante. Et la jeune fille, s'adressant à ses compagnes à la chevelure profonde : « Mes amies, mes chères amies, dit-elle, accourez, prenons place sur la croupe du taureau, et rions; car, en vérité son dos large nous portera comme un char. Il a l'air doux et son aspect est aimable. Il n'a rien de commun avec les autres taureaux ; ses manières sont celles d'un véritable être humain ; il ne lui manque que la parole ! »

Elle dit, et souriante, elle monte sur la croupe. Ses compagnes vont suivre son exemple, quand le taureau se redresse, et, sûr de sa proie longtemps souhaitée, gagne en hâte les flots de la mer. Europe se retourne, appelle ses chères compagnes, leur tend les bras sans pouvoir les atteindre. Arrivé sur la grève, le taureau, semblable au dauphin, se jette en avant, marche sur les vagues énormes, tandis que la mer se calme sous ses pieds. Les monstres marins bondissent autour de lui ; le dauphin, dans sa joie, s'ébat dans les vagues, les filles de Nérée surgissent de l'onde et, assises sur le dos des monstres, elles voguent à la rencontre du maître souverain. Neptune lui-même, qui ébranle les terres et les flots, aplanit les vagues, et guide son frère à travers les routes douteuses de l'océan. Cependant, à ses côtés, se groupent les tritons, dont le souffle puissant retentit au fond des abîmes, et qui sonnent sur leurs conques recourbées le chant triomphal de l'hyménée.

Assise sur la croupe du divin taureau, Europe, d'une main, saisit l'une de ses cornes menaçantes, de l'autre relève les plis flottants de sa robe, afin qu'elle ne se mouille pas dans la blanche écume de l'eau. Le manteau de la jeune fille se gonfle comme une voile dans le vent et la soulève doucement. Mais lorsqu'ils furent loin des bords de sa patrie, qu'elle ne put voir déjà ni les rivages battus des flots, ni la

cime des montagnes, qu'elle n'aperçut, au-dessus de
sa tête, que le firmament, sous ses pieds, que l'océan
sans bornes, Europe jeta les yeux autour d'elle et dit
ces mots : « Taureau divin, où me portes-tu ? Qui es-
tu ? Comment peux-tu marcher sur des sentiers où
ne vont que des êtres sans pieds ? Ne crains-tu pas
les abîmes ? Seuls, les vaisseaux, ces voyageurs du
flot, savent se tenir sur les vagues ; les taureaux
craignent de faire route à travers la houle de l'océan.
Quelle eau douce, quelle nourriture trouves-tu sur
l'onde salée ? Serais-tu quelque divinité ? Tu fais ce
qui ne sied qu'aux dieux ! Les dauphins ne vont pas
sur la terre ferme ; les taureaux ne parcourent pas
les vagues ; et pourtant tu cours sur la terre et sur
les flots, sans trembler, et tes sabots te servent de
rames. Qui sait ? si tu t'élançais dans l'air azuré, tu
planerais comme un oiseau léger ? Hélas ! infortunée
que je suis ! j'ai fui loin du foyer paternel, et voici
que m'emporte un taureau ! et je vais seule sur des
mers étrangères vers un but inconnu. Mais toi, Neptune, qui commandes à la mer écumante, viens à
mon secours ! J'espère connaître enfin celui qui trace
ma route à travers les flots ; car, sans une divinité,
je ne parcourrais pas de la sorte la route humide de
l'océan ! »

Elle dit, et le taureau encorné lui répond : « Courage, jeune fille, ne crains rien des vagues de l'abîme,
je suis Zeus lui-même, bien qu'à tes yeux je semble
être un taureau ; car je prends l'aspect qui me plaît.
Parce que je soupire après toi, j'ai parcouru, sous la

forme d'un taureau, la vaste étendue de la mer. Bientôt tu verras la Crète, où je coulai mon enfance ; c'est
là que se dressera pour toi la couche nuptiale ; c'est
là, que, dans mes bras, tu concevras des fils dont le
sceptre commandera aux peuples de la terre ! »

Il dit, et ses paroles furent vraies. Zeus reprit sa
forme première, délia la ceinture d'Europe, et les
Heures leur préparèrent la couche de l'hyménée. Et
la jeune fille, vierge naguère, devint vite l'épouse de
Zeus, à qui, dans ce lieu même, elle donna des
enfants.

SAPPHO

Sappho était née dans cette île de Lesbos, connue des anciens pour ses amours étranges et contre nature. Restée veuve à un âge où la femme commence seulement à s'initier à la volupté de l'âme et du corps, elle se consacra, en même temps qu'à la poésie, aux entretiens câlins et aux caresses défendues avec les femmes les plus illustres de Lesbos, Athis, Androméda, Télésippa, Mégara, Cydno, et cette autre poétesse, Erinna, dont les fragments parvenus jusqu'à nous révèlent un talent supérieur.

Jusqu'à quel point est-on en droit de reprocher à Sappho le vice lesbien? Nous ne le saurons jamais. Les Hellènes, femmes ou hommes, parlaient et écrivaient une langue si chaude, si poétique, si remplie d'images sensuelles, qu'il est fort difficile de faire, aujourd'hui, le départ entre ce qui ne fut chez eux que tendresse et ce qui fut réellement passion ou sensualité répréhensible.

D'autre part, il ne nous reste de Sappho que très peu de chose. Nous avons tenté même, afin de montrer la poétesse sous son jour véritable, de rattacher ensemble et de compléter les fragments les plus marquants de ses odes amoureuses.

LES ODES DE SAPPHO

I

HYMNE A VÉNUS

Fille de Zeus, immortelle Vénus, toi qui sièges sur un trône brillant, toi la plus habile aux ruses de l'amour, je t'en conjure, n'accable point mon âme sous le poids des chagrins et de la douleur! Exauce ma prière! Comme jadis, abandonne le palais de ton père, et descend vers moi sur ton char doré ! Déployant leurs ailes légères, tes doux passereaux t'amenaient du haut de l'Olympe, et, lorsque tu atterrissais, ô déesse ! un sourire éclosait sur tes lèvres divines ! Tu demandais la cause de mes prières, quels tourments me rongeaient le cœur; de quels désirs je m'enflammais à nouveau, et quel être je voulais prendre dans le filet de mon inconstant amour.

« Qui donc, me disais-tu, qui donc, ô Sappho ! oserait te refuser? Il te fuit aujourd'hui : demain, il se mettra à ta poursuite; aujourd'hui, il dédaigne tes présents : demain, il t'en offrira lui-même ! Il te néglige aujourd'hui : demain, il t'aimera malgré toi ! »

O Vénus, accours donc sans retard ! Viens me délivrer de mes plus cruels soucis ! Exauce les vœux de mon âme! Ne me refuse pas ton secours tout-puissant !

II

SUR DES FEMMES AIMÉES

Heureux qui, doucement assis à tes côtés, écoute ta parole aimante, et voit le sourire éclore sur tes lèvres ! Et pourtant ce tableau me bouleverse l'âme !

Tu parais, ô Télésippa, et la voix expire dans ma gorge, et ma langue s'attache à mon palais ! Une flamme étrange court dans toutes mes veines, les oreilles me tintent, une sueur froide m'inonde, mon corps frissonne, je deviens plus pâle que l'herbe flétrie, mon souffle s'arrête, il semble que je vais mourir ! O mon luth, chante mon amour !

Elle est souverainement tendre et délicate, Gyrine ; mais ses dédains m'ont jetée dans les bras de la belle Mnaïs ! Et l'amour agite mon âme comme le vent fait les feuilles de chênes au sommet des montagnes !

Oui, je volerai sur les pics les plus élevés, je m'élancerai entre tes bras, ô toi, pour qui mon cœur soupire ; car c'est toi qui m'enflammes, car c'est pour toi seule que je me consume !

Mais tu m'oublies déjà ; tu aimes quelqu'un plus que moi ! Viens je t'en conjure ! Orne tes beaux cheveux de couronnes de roses ; cueille de tes doigts délicats les branches de l'aneth ! A cueillir des fleurs, tu me paraîtras, dans ta jeunesse, plus belle encore et plus charmante ! De même que les victimes couvertes de fleurs sont plus agréables aux dieux, de même tu me paraîtras plus douce au baiser, si tu t'en viens la tête couverte de guirlandes !

Écoute, ô ma tendre Athis, les airs mélodieux qui firent jadis les délices de mes amantes ! Déjà, le rossignol annonce le printemps, la nature est en fleurs, le sang brûle dans les veines ! Elles surgissent, le cou orné de guirlandes, plus belles, plus ravissantes que jamais ! Une onde fraîche s'épanche en murmurant de la source ! elle arrose les vergers et les prairies, c'est l'heure des caresses ! Venez, toutes ! si l'Amour est fils de la Terre et du Ciel, la douce Persuasion est fille de Vénus ! Réjouissez-vous tous, ô vous, que l'amour enchaîne ! Réjouis-toi, jeune épouse ; réjouis-toi, jeune époux, que les désirs poussent vers le seuil de la chambre nuptiale !

Tandis que je dormais, un doux songe m'a transportée dans les bras de la charmante Cythérée ! Hélas ! le bruit des feuilles agitées par le vent a dissipé mon sommeil ! Les chants de Cythérée étaient plus doux que les sons de la lyre, ses charmes étaient plus précieux que l'or le plus pur ! O Gyrine ! comment une femme grossière et sans art a-t-elle pu charmer ton esprit et enchaîner ton cœur ? Elle ne sait pas même laisser flotter avec grâce les plis de sa robe ! J'aime Mnaïs, j'en aime vingt autres ; mais si tu voulais me revenir, je les oublierais toutes à la fois !

La Lune et les Pléiades sont déjà couchées ; la Nuit a parcouru la moitié de sa route, déjà l'Aurore pose son pied d'or sur l'horizon, et moi, malheureuse, je suis seule sur ma couche, accablée sous le chagrin !

O tendre mère ! Vénus redoutable m'a soumise à son joug, je suis tout entière la proie de l'amour !

ANACRÉON

Anacréon naquit à Téos, dans le pays des violettes que les Grecs appelèrent l'Ionie. Ses odes, et personne ne s'en étonnera, respirent le parfum de son pays natal.

Sa vie entière, consacrée à l'amour et au vin, à la blonde Cythérée et au rouge Bacchus, se retrouve, avec sa franche gaieté et sa mélancolie discrète, dans les poèmes qui firent le charme des Hellènes du sixième siècle, et dont il ne nous reste que des fragments le plus souvent contestés par les critiques.

Mieux que les autres poètes érotiques de l'antiquité, Anacréon nous enseigne l'influence des joyeuses libations sur la passion amoureuse; car si le vin donne de l'ardeur aux vieillards, il leur donne aussi l'oubli de leurs mécomptes.

C'est une joie que de voir ce poète, dont la chevelure blanche se couronne de roses, assister aux festins où les jeunes vierges oublient, pour mieux fêter leur éternel amoureux, de répondre aux œillades des jeunes hommes. De tous les chantres de l'amour, il est peut-être le seul qui ait pu sourire aussi longtemps à la femme sans tomber dans le ridicule !

10.

LES ODES D'ANACRÉON

I

SUR LES FEMMES

La nature a donné des cornes aux taureaux, des sabots aux coursiers, la vitesse aux lièvres, aux lions une gueule profonde armée de dents, aux poissons des nageoires, aux oiseaux des ailes, aux hommes la sagesse. N'ayant plus rien pour les femmes, elle leur donna la beauté qui vaut à la fois tous les boucliers et tous les glaives; car une belle triomphe et du fer et du feu !

II

L'AMOUR MOUILLÉ

Au milieu de la nuit, à l'heure où l'Ourse tourne autour de la main du Bouvier, où, vaincue par le sommeil, la race entière des mortels se livre au repos, l'Amour vint heurter à ma porte. « Qui es-tu, m'écriai-je, toi qui ébranles ma porte et viens interrompre mes songes ? — Ouvre, me répondit l'Amour, sois sans crainte : je ne suis qu'un enfant. Trempé de pluie, j'erre dans les ténèbres d'une nuit sans lune ! »

A ces mots, je me sentis pris de compassion ; j'allumai vite ma lampe et ouvris ma porte. En vérité, j'aperçois un enfant tout jeune, avec un arc, des ailes et un carquois. Je l'assois près du foyer, je réchauffe ses petites mains dans les miennes, et j'exprime l'eau de ses cheveux mouillés. A peine est-il remis du froid : « Maintenant, dit-il, essayons cet arc et voyons si la corde mouillée n'a pas perdu sa force sous la pluie. »

Il tend l'arc et me décoche une flèche dans le cœur ; je sens comme la piqûre d'un taon : et lui de sauter de joie et de rire : « Étranger, dit-il, ris donc avec moi : mon arc n'est pas endommagé, mais ton cœur l'est sûrement ! »

III

SUR UN AMOUR EN CIRE

Certain jeune homme cherchait à vendre un Amour en cire. Je m'approche de lui: « A quel prix, dis-je, me vends-tu cette œuvre de tes doigts ? » Et lui de me répondre en dialecte dorique : « Prends-le au prix que tu voudras. S'il faut te le dire, je ne suis pas modeleur de cire, mais je ne veux plus habiter avec l'Amour dont les désirs ne sauraient se borner.

— Soit ! donne-le-moi, et me le donne pour une drachme, ce doux compagnon de lit. Quant à toi, Amour, embrasse-moi bien vite, sinon je te fais fondre au feu ! »

IV

SUR LUI-MÊME

Les femmes me disent : « Anacréon, tu es vieux. Prends un miroir et te regarde : tu n'as plus de cheveux et ton front est poli. » J'ignore si j'ai encore des cheveux ou s'ils s'en sont allés ; mais ce que je sais, c'est que plus un vieillard s'approche du terme fatal, plus il lui convient de se livrer aux jeux et aux plaisirs !

V

L'AMOUR TOUJOURS VAINQUEUR

Je veux, oui, je veux aimer ! L'Amour m'y engageait naguère ; mais, dans mon ignorance, je ne me laissai point persuader. Et lui, prenant soudain son arc et son carquois d'or, me provoque au combat. Pour moi, semblable à Achille, j'endosse une cuirasse, et, saisissant une pique et un bouclier, je combattis avec l'Amour. Il me décoche des traits, et je fuis. Dès qu'il eut épuisé toutes ses flèches, il se prit de colère, et, se lançant lui-même en guise de trait, il pénétra jusqu'au fond de mon cœur. Je me sentis défaillir.

Vainement, je me couvre d'un bouclier ! A quoi peut servir un rempart contre un ennemi qui occupe la place ?

VI

A UNE JEUNE FILLE

Jadis, sur les rivages de la Phrygie, la fille de
Tantale fut changée en rocher; jadis, métamorphosée
en hirondelle, la fille de Pandion déploya ses ailes
dans le ciel. Pour moi, je voudrais devenir ton
miroir, afin que tu me regardes sans cesse; ta tunique, afin que tu me portes toujours sur toi! Et je
voudrais être aussi, ô ma bien-aimée! l'onde où se
baigne ton beau corps, l'essence dont tu te parfumes
entière; la bandelette qui court sous tes deux seins;
le collier de perles qui orne ton cou; les sandales que
foule ton pied mignon!

VII

SUR SA MAITRESSE

Allons, peintre habile, peintre le meilleur, toi qui
es le roi de cet art qui fleurit à Rhodes, prends tes
pinceaux et trace, suivant ma pensée, le portrait de
ma maîtresse absente! Peins d'abord les boucles de
sa chevelure noire; et, si la cire le permet, qu'il s'en
exhale un lent parfum; peins son front d'ivoire d'où
roulent jusqu'aux rondeurs de la joue ses cheveux
brillants comme la pourpre. Que l'écart entre les
sourcils ne soit ni trop grand, ni trop petit; mais

qu'ils tracent, comme chez ma maîtresse, un arc fin comme un trait, au-dessus de ses paupières. Que son regard soit plein de flamme ; que son œil soit à la fois azuré comme celui de Minerve, et humide d'amour comme celui de Cythérée ! Pour peindre le nez et les joues, mêle les roses et le lait. Que ses lèvres respirent la séduction et appellent le baiser ! Que les Grâces voltigent en chœur sur son menton voluptueux et le marbre de son cou ! Que le reste de son corps se perde dans les plis d'une robe purpurine, et qu'il ne reste visible que ce qu'il en faut pour déceler sa beauté !

C'est tout. Je la vois ! Tout à l'heure, ô portrait tu vas parler !

VIII

LES FLÈCHES DE L'AMOUR

Un jour, Cupidon ne vit pas une abeille assoupie dans le cœur d'une rose : il en fut piqué au doigt. Il jette un cri, se sauve et vole, tout endolori, vers la belle Cythérée : « Ma mère, je suis perdu, dit-il, je suis perdu, je me meurs : un petit serpent ailé, que les laboureurs appellent abeille, m'a piqué ! — Hélas ! lui répond sa mère, si le dard de l'abeille fait tant de mal, juge combien doivent souffrir ceux que tu frappes de tes flèches ! »

IX

SUR LUI-MÊME

Quand je bois du vin, mon cœur, transporté de joie, se met à chanter les Muses.

Quand je bois, les soucis, les pensées inquiètes s'envolent sur l'aile des vents qui battent les mers.

Quand je bois, Bacchus, qui met l'esprit en gaieté, me berce, ivre de joie, parmi les chauds parfums des fleurs.

Quand je bois, je couronne mon front de guirlandes et chante les plaisirs d'une vie sans soucis.

Quand je bois, ma chair exhale de suaves parfums, et, une jeune fille enlacée dans mes bras, je chante Cypris.

Quand je bois, ma raison se noie au fond des coupes remplies, et je me plais à me mêler aux rondes des vierges.

Quand je bois, je prends le seul bien qui m'appartienne en propre, le seul que j'emporterai avec moi, quand viendra le trépas commun à tous les hommes.

X

SUR UN FESTIN

Buvons du vin! chantons gaiement l'inventeur de la danse, Bacchus, l'ami des chants joyeux, le compagnon des amours, l'amant béni de Cythérée ! Il est le père de l'ivresse ; sa présence calme les chagrins et endort les peines !

Et vous, gracieux enfants, apportez-moi une coupe où brille un heureux mélange, et le sombre chagrin va s'envoler au souffle du vent qui passe. Donnez-moi la coupe, et noyons les soucis ! A quoi bon se laisser prendre aux chagrins ? Connaissons-nous l'avenir ? Le terme fatal est un mystère pour nous ! Que je m'enivre et danse et m'arrose de parfums ! Je veux folâtrer avec de belles jeunes filles !

Libre aux autres de pleurer et de gémir ! Nous, buvons gaiement et chantons Bacchus !

XI

SES GOUTS

J'aime follement et les danses et les jeux de Bacchus ; j'aime à jouer de la lyre en compagnie d'un convive imberbe ; mais j'aime d'abord, le front joyeusement orné d'une couronne d'hyacinthes, à m'ébattre parmi de jeunes vierges !

Mon cœur ignore la haine.

Ne sachant pas ce qu'est l'envie mordante, j'évite de lancer les traits impuissants d'une langue insolente.

Je déteste les querelles que provoque le vin dans les festins licencieux.

C'est au milieu des jeunes filles, à la beauté fraîchement éclose, que je me plais à danser aux sons de
la lyre, et à couler dans le repos une existence pai-
sible.

XII

L'AMOUR ET L'ARGENT

Il est pénible de ne pas aimer, il est pénible d'aimer,
mais, avant tout, il est pénible de ne pas posséder
l'objet qu'on aime !

L'Amour ne regarde pas à la naissance ; il méprise
le talent et les charmes du caractère ; il n'a d'yeux
que pour l'argent. Malheur à celui qui le premier
aima l'argent !

L'argent qui ne connaît ni frères, ni parents, qui
engendre les guerres et les meurtres, qui enfin — et
c'est là le pire de ses crimes — fait le malheur des
amants !

XIII

LA VENDANGE

Jeunes gens et jeunes filles portent à l'envi sur
leurs épaules le noir raisin tombé dans les corbeilles.
Ils le jettent sous le pressoir où les hommes seuls le
foulent, expriment le jus de la grappe, chantent à
grands cris un hymne au dieu du pressoir, et regar-

dent bouillonner dans les tonnes la liqueur nouvelle du joyeux Bacchus.

Sitôt que le vieillard l'a bue, il danse d'un pied mal affermi et secoue sa blanche chevelure. Mais le jeune homme, féru d'amour, surprend la jeune vierge qui, doucement allongée sur une couche de feuillage et domptée par le sommeil, repose sans crainte ses membres délicats. Il la provoque au baiser, cherche à lui faire devancer l'heure de l'hyménée, et, dans son impuissance à la persuader par ses paroles, la saisit malgré elle, et sur son beau corps ferme les bras; car le jeune homme enflammé par Bacchus ne connaît pas de frein dans sa folie amoureuse.

XIV

SUR LA ROSE

Puisque le printemps nous revient couronné de fleurs, je chanterai la rose, la reine des festins !

La rose est l'haleine des dieux, le charme des mortels, la fraîche parure des Grâces, l'ornement de Vénus et des Amours. Elle fleurit dans les fables ; elle est la préférée des Muses. Il est doux de la cueillir parmi les buissons épineux ; il est doux de chauffer doucement dans ses doigts et d'aspirer le parfum de cette fleur de l'Amour ! Pour les poètes, l'Aurore a des doigts de rose ; les Nymphes, des bras de rose ; Vénus, un teint de rose. Sans elle, que deviendrait le sage ? Que deviendraient les festins et les fêtes de Bacchus ? N'est-ce pas elle qui chasse les maladies et protège la tombe des morts ? Elle triomphe du temps, et sa vieillesse, pleine de charmes, conserve tous les parfums de la jeunesse. Vous désirez connaître son origine ?

Quand Cythérée jaillit, toute humide de rosée, de l'écume et du baiser des flots, quand Zeus eut mis au jour Minerve, fille de son cerveau, la plus redoutable des déesses olympiennes, celle qui se plaît au bruit des armes, la terre fit fleurir de son sein cette fleur admirable, la rose, qui s'épanouit en mille nuances et rappelle l'éclat des dieux immortels. Mais, pour qu'elle fût la rose véritable, Bacchus répandit son nectar sur sa tige épineuse, et soudain se développa la fleur merveilleuse, la fleur éternelle !

XV

SUR UNE JEUNE FILLE

Pourquoi, cavale de Thrace, me lançant des regards obliques, me fuir sans pitié ? Comme il me serait facile de t'imposer le frein, et, les rênes en main, de te faire tourner autour de la borne d'un stade ! Aujourd'hui tu pais dans la prairie, et te plais à bondir et à folâtrer : c'est qu'il n'est pas survenu encore un cavalier capable de bondir sur ta croupe !

XVI

SUR SES AMOURS

Si tu peux compter toutes les feuilles des arbres, si tu sais compter les flots de la vaste mer, je te charge de supputer mes amours. D'abord, pour Athènes, inscris vingt amours, et quinze autres encore; puis, pour Corinthe, des légions, car elle est située dans l'Achaïe, le pays des belles femmes! Pour Lesbos, l'Ionie, la Carie et Rhodes, inscris-en deux mille. Tu t'étonnes? Marque toujours, il reste de la place sur tes tablettes, et je ne t'ai encore rien dit de mes amours de Syrie, de Canope, de Crète, cette île qui est riche en tout, et où l'Amour célèbre ses mystères à tous les foyers! Veux-tu y ajouter de même les amours qui, au delà de Cadix, dans la Bactriane et dans l'Inde, ont ravi mon cœur?

HYMNES HOMÉRIQUES

A côté d'Homère, des poètes de second ordre tentèrent de suivre l'exemple du chantre d'Achille et d'Ulysse. Incapables d'écrire ou de concevoir de grandes épopées, ils composèrent des poèmes de moindre importance, mais qui parurent si parfaits par la forme et si merveilleux par le fond, que les anciens n'hésitèrent pas à les attribuer à Homère lui-même.

Les HYMNES HOMÉRIQUES peuvent, en effet, prendre rang à côté de l'ILIADE et de l'ODYSSÉE, dont ils paraissent, d'ailleurs, être le complément naturel. Entre tous, nous avons choisi celui qui fut écrit en l'honneur de Vénus, car il rentre naturellement dans le cadre de notre travail. Il s'agit de l'amour qui unit une déesse à un mortel.

Une conception pareille n'avait rien d'étrange aux yeux d'un peuple, pour qui la beauté justifiait toutes les chutes. La Grèce antique, en effet, se plaisait à se représenter la procréation sous la forme d'un acte divin, d'où devaient sortir, en même temps et au même titre, la vie et la beauté. Qu'une déesse s'éprenne d'un mortel, qu'un dieu descende dans les bras d'une femme terrestre, cela est *dans la règle; car la loi suprême, celle d'où dérive l'ordre, c'est l'amour. Le cosmos entier n'est harmonieux dans toutes ses parties que parce qu'il est régi par la plus sainte et la plus naturelle des passions.*

Cette mythologie merveilleuse, où le baiser rayonne comme un éternel soleil, se retrouvera plus tard dans les Métamorphoses *d'un Ovide. Mais combien elle se sera refroidie! La Rome d'Auguste n'avait plus la foi. Elle ne savait plus conter ces amours moitié divines, moitié humaines. Les homérides, eux, comprenaient et respectaient leurs mythes, et c'est pourquoi ils sont si souverainement poètes et si délicieusement amoureux !*

HYMNES HOMÉRIQUES

A VÉNUS

Muse, dis-moi les travaux de Vénus, de Cypris la fortunée, qui fit germer le doux fruit de l'amour dans le cœur des dieux, qui soumit à ses lois toute la race des hommes, et les oiseaux qui volent dans les airs, et les fauves que nourrit la terre, et les monstres que recèle l'océan. Tous, en vérité, se plaisent aux œuvres de la divine Cythérée !

Il n'est que trois déesses qu'elle ne peut ni séduire ni tromper : Minerve aux yeux d'azur, Diane au fuseau d'or et Vesta, première fille de Saturne. Mais, parmi les autres êtres, dieux bienheureux ou

hommes mortels, nul ne peut se soustraire à l'empire
de Vénus.

Zeus fit entrer dans l'âme de Vénus même le doux
désir de s'unir à un homme mortel, afin qu'elle connût
le baiser terrestre et qu'elle ne se vantât pas, un jour,
le sourire sur les lèvres, dans l'assemblée des dieux,
d'avoir réussi à unir les immortels aux femmes de la
terre, de qui naissaient alors des enfants sujets au
trépas, et les déesses à des hommes mortels.

Il lui mit donc au fond du cœur le doux désir de
s'unir à Anchise, qui, en ces temps-là, fréquentait les
hautes cimes de l'Ida fécond en sources, gardait
les bœufs, et par sa beauté ressemblait aux immortels.

Or, lorsque l'aimable Vénus l'aperçut, elle l'aima,
et le désir s'empara de son âme entière. Elle gagna
Chypre et pénétra dans son temple parfumé de
Paphos, où elle a un bois sacré et des autels remplis
d'encens. Dès qu'elle y fut entrée, elle en ferma les
portes brillantes, et les Grâces, aussitôt, la plongèrent
dans le bain et l'oignirent d'une huile incorruptible,
pareille à celle dont se servent les dieux qui ne
meurent jamais, huile ambrosiaque qui lui avait été
offerte en sacrifice. Elle revêtit ensuite son manteau
le plus beau, se para de ses joyaux d'or, et, souriante, s'élança vers Troie, abandonnant l'île fleurie
de Chypre.

Elle fait en hâte ce voyage sur la crête des nuées,
et gagne l'Ida fécond en sources et en bêtes fauves.
Elle franchit les monts et se rend en ligne droite

aux étables d'Anchise. Elle va, parmi les loups chenus, les lions terribles, les ours, les panthères redoutables aux cerfs. Leur vue est agréable à son âme, et elle remplit leurs cœurs de désirs, si bien qu'ils s'unissent deux à deux à l'ombre de leurs retraites.

Cependant elle atteint les cabanes solidement construites des pâtres. Elle trouve le vaillant Anchise, à qui les dieux ont fait don de la beauté. Il est seul près de son étable, où l'ont abandonné les autres : tous ils s'en sont allés à la suite de leurs bœufs dans les gras pâturages. Dans sa solitude, il se promène çà et là et fait retentir doucement sa cithare. La fille de Zeus, Vénus, s'arrête devant lui, semblable, par la taille et la beauté, à une vierge impolluée, de peur qu'en l'apercevant il ne soit pris de crainte.

Or Anchise, quand ses yeux tombèrent sur elle, l'observa et demeura en admiration devant sa beauté, sa noblesse et ses magnifiques vêtements ; et, en effet, Vénus était enveloppée d'un peplum plus brillant que le feu. Elle avait, en outre, des bracelets bien ouvragés ; dans ses cheveux étincelaient des épingles ; autour de son cou délicat resplendissait un collier d'or, artistement travaillé, lequel, chose admirable à voir, brillait sur sa tendre gorge comme la lune. L'amour s'empara d'Anchise, et il adressa ces paroles à Vénus :

« Salut, reine, l'une des bienheureuses, qui viens en cette demeure, Diane, ou Latone, ou la toute-puissante Vénus, ou la noble Thémis, ou Minerve aux yeux d'azur, ou peut-être l'une des Grâces, qui accompagnent tous les dieux, et qu'on appelle immortelles, ou bien encore l'une des Nymphes qui habitent ces belles forêts, ou l'une de celles qui fréquentent soit ces montagnes splendides, soit les sources de ces fleuves, soit ces prairies verdoyantes. En vérité, sur une éminence, qu'on découvre de loin, je t'élèverai un autel et t'y ferai à toute heure de larges sacrifices. Mais toi, de ton côté, animée de bienveillance, accorde-moi d'être parmi les Troyens un homme comblé d'honneurs ; donne-moi une postérité florissante, donne-moi durant de longs jours une existence heureuse, fais luire pour moi le soleil, et que, sans souci parmi ce peuple, j'atteigne le seuil de la vieillesse ! »

La fille de Jupiter, Vénus, lui répondit aussitôt :

« Anchise, le plus illustre des hommes nés de la terre, je ne suis pas une déesse : pourquoi me comparer aux immortelles ? Je suis mortelle, et c'est une mortelle qui m'a donné le jour. Mon père s'appelle Otrée, si parfois tu en as entendu parler ; il règne sur toutes les cités de la splendide Phrygie. Votre langue et la mienne, je les sais toutes deux à merveille ; car, à mon foyer, je reçus les soins d'une nourrice troyenne, et ce fut elle qui, dès la délivrance de ma mère, m'éleva comme jeune fille. C'est ce qui explique pourquoi je sais nos deux langues. Or, maintenant, le meurtrier d'Argus, qui porte un rameau d'or, m'a enlevée du chœur de la bruyante Diane au fuseau d'or. Nous étions, là, beaucoup de Nymphes et de vierges séduisantes ; nous nous livrions à nos jeux, et une foule innombrable faisait cercle autour de nous. Le meurtrier d'Argus au rameau d'or m'enleva donc, me fit traverser des espaces cultivés par les mortels, de vastes solitudes, sans demeures ni cultures, où ne vivent que les fauves qui se repaissent de chairs crues, dans les vallées ombreuses. Il me semblait que mon pied ne foulait pas la terre productive des vivants.

« Cependant, il me disait appelée, épouse encore vierge, à la couche d'Anchise, et destinée à concevoir de toi de beaux enfants. Puis, lorsqu'il m'eut montré mon but, lorsqu'il eut achevé de parler, le puissant meurtrier d'Argus s'en retourna chez la tribu des immortels. Et moi, je suis venue à toi, car un destin irrévocable m'y poussait.

« Mais toi, par Zeus, par tes nobles parents, car ce ne sont point des époux indignes qui ont donné le jour à un tel homme, je t'en conjure, lorsque tu m'auras emmenée, ignorante de l'hymen et des œuvres de l'Amour, montre-moi à ton père, à ta mère respectable, à tes frères, sortis de la même souche, car je ne serai pas une belle-sœur différente de ce qu'ils sont, je leur ressemblerai plutôt ! et ils te diront si je serai ou non une épouse digne de toi. Envoie, en hâte, un messager chez les Phrygiens aux coursiers rapides ; qu'il parle à mon père et à ma mère, bien que celle-ci soit dans l'affliction. Ils

t'enverront beaucoup d'or et de vêtements tissés ; et
tu accepteras des présents à la fois beaux et nombreux. Lorsque tu auras fait cela, prépare des noces
joyeuses, qui soient agréables aux hommes et aux
dieux immortels ! »

A ces mots, la déesse fait pénétrer dans son âme
le doux désir ; et, dompté par l'amour, Anchise s'ex-
prima en ces termes :

« Si tu es vraiment une mortelle, si une femme
t'a mise au monde, si, comme tu le dis, le
célèbre Otrée est ton père, si tu viens auprès de moi
par la volonté de Mercure, le messager immortel,
tu seras, à tout jamais, appelée mon épouse ; aucun
des hommes ne m'empêchera de m'unir d'amour à
toi sur-le-champ ! Apollon lui-même me lancerait-il,
de son arc d'argent, des traits redoutables, ou me
fallût-il, après avoir partagé la couche d'une femme
semblable aux déesses, descendre dans la demeure
de Pluton ! »

Il dit et lui prend la main. La séduisante Vénus,
les yeux détournés, marche à reculons vers la
couche magnifiquement dressée, où s'étendait d'or-
dinaire le roi. Elle était formée de moelleux tapis,
et recouverte de peaux d'ours et de lions à la voix
terrible, qu'il avait tués lui-même dans les hautes
montagnes.

Lorsqu'ils furent montés sur la couche élégam-
ment disposée, Anchise dévêtit d'abord Vénus de
son brillant manteau, défit les agrafes et les bracelets recourbés, ôta les épingles et les colliers ; en-

suite, il dénoua la ceinture et enleva les vêtements précieux, qu'il déposa sur un siège orné de clous d'argent. Enfin, par la volonté des dieux et du destin, un homme donna le baiser à une déesse immortelle, ignorant qui elle était.

Au moment où les pâtres ramènent, des prés fleuris à l'étable, les bœufs et les grasses brebis, Vénus répandit sur Anchise un sommeil doux et profond; puis elle revêtit ses magnifiques vêtements. Ayant ainsi couvert son beau corps, la plus noble des déesses se tint debout auprès de la couche, dans la maison bien construite, et redressa la tête. Et l'immortelle beauté de son visage resplendit, ainsi qu'il convient à Cythérée à la belle chevelure. Puis a déesse réveilla Anchise, en l'appelant par son nom, et lui dit :

« Debout, fils de Dardanos ! pourquoi dors-tu d'un sommeil si profond? Dis-moi si je te semble telle que tu m'as vue d'abord. »

Elle dit, et Anchise, tiré soudain de son sommeil, prêta l'oreille. Lorsqu'il vit le cou et les beaux yeux de Vénus, il fut pris de crainte, détourna ses regards puis, voilant son visage et se retournant vers elle, il la supplia en lui adressant ces paroles ailées :

« Aussitôt que mes yeux t'eurent vue, ô déesse, je reconnus en toi une immortelle, mais tu ne m'as pas dit vrai. Or, je te prie, par Zeus porte-égide, ne me laisse pas, parmi les mortels, vivre sans force ; prends pitié de moi, puisque l'homme, qui a dormi

dans les bras d'une déesse immortelle, ne doit pas
vivre longtemps. »

Mais la fille de Zeus, Vénus, lui répondit :

« Anchise, de tous les mortels le plus illustre, ras-
sure-toi, ne conserve aucune crainte dans ton âme :
tu n'as pas à redouter de souffrir du mal, soit de ma
part, soit de celle des autres bienheureux, car tu es
cher aux immortels. Tu auras un fils bien-aimé, qui
régnera sur les Troyens, et à ses fils en naîtront
d'autres sans fin. Son nom sera Énée (le terrible),
parce que j'ai ressenti une douleur terrible d'être
entrée dans la couche d'un homme. Mais c'est dans
ta race qu'il se rencontre toujours des hommes égaux
aux dieux par la taille et la beauté.

« C'est bien dans ta famille que l'Aurore au trône
d'or enleva Tithon, semblable aux immortels. Elle
implora du fils de Saturne qu'il fût à l'abri de la
mort et qu'il vécût des jours sans fin, et Zeus, d'un
signe de tête, y consentit et tint sa promesse. L'in-
sensée ! la vénérable Aurore ne songea pas à demander pour lui la jeunesse et à le préserver de l'odieuse
vieillesse. Tant qu'il jouit de la jeunesse adorée,
charmé de l'Aurore au trône d'or, fille de l'éther, il
demeura sur les rives de l'Océan, aux confins de la
terre. Mais lorsque les premières boucles blanches
se déroulèrent de son beau front et que son noble
menton blanchit, la vénérable Aurore s'éloigna de sa
couche. Pourtant, le gardant dans son palais, elle
le nourrit de mets ambrosiaques et le couvrit de
riches vêtements. Enfin, quand la hideuse vieillesse

l'eut tout à fait accablé, qu'il ne put ni se déplacer,
ni rester debout, elle prit, en son cœur, le parti qu'il
lui parut le meilleur : elle le relégua dans un appartement dont elle ferma les portes brillantes. Là,
sa parole se répand incompréhensible ; il n'a plus
rien de la force qui animait ses membres flexi-
bles.

« Certes, je ne te prendrai pas de la sorte parmi
les bienheureux, pour que tu sois immortel et coules
des jours sans fin ! Pourtant, s'il t'était donné de
vivre tel que te voici, avec cette taille et cette
beauté, si tu étais appelé mon époux, jamais la douleur n'aurait prise sur mon âme ! Mais, hélas ! la
vieillesse niveleuse ne tardera pas à s'emparer de toi,
l'impitoyable, qui se tient toujours auprès des
hommes, faucheuse, accablante, et qui fait horreur
aux dieux mêmes. A cause de toi, je serai sans cesse
exposée à la pire des humiliations parmi les immortels. En effet, jusqu'à ce jour, ils redoutaient les
propos et les conseils par lesquels j'avais jeté tous
les dieux dans les bras des femmes mortelles. Oui,
ma volonté les avait subjugués, et voici qu'il ne me
sera plus permis de leur rappeler cela, puisque j'ai
grandement péché moi-même ! Mon esprit s'est
laissé entraîner à une faute terrible, indicible : je
porte un enfant sous ma ceinture virginale, pour
m'être donnée à un mortel !

« Dès que cet enfant aura vu la lumière du soleil,
il sera nourri par les Nymphes des montagnes à la
gorge profonde, lesquelles habitent le sommet de

ce mont divin, et ne suivent la loi ni des hommes ni des immortels. Elles jouissent d'une longue existence, prennent une nourriture céleste et forment des rondes avec les dieux. Les Silènes et le perspicace meurtrier d'Argus s'unissent d'amour avec elles au fond des grottes ombreuses. Là, des sapins et des chênes superbes, nés en même temps qu'elles, croissent sur la terre nourricière des hommes. Ils se dressent dans leur grandeur ; les Nymphes les appellent le temple des bienheureux ; et les hommes n'y portent jamais la hache.

« Mais, lorsque la Parque y pousse la mort, les beaux arbres se dessèchent sur pied, leur écorce s'effrite, leurs rameaux tombent, tandis que l'âme des Nymphes abandonne la lumière du soleil. Ce sont elles, qui garderont mon fils et le nourriront ; et, lorsqu'il aura atteint l'âge aimable de l'adolescence, elles te l'amèneront ici et te le feront connaître, car il est aussi ton enfant. D'ailleurs, pour que le souvenir de ces événements ne s'efface pas de ma mémoire, je viendrai moi-même, la cinquième année, et te ramènerai ton fils. Et quand tes yeux verront cette fleur de jeunesse, tu seras dans la joie, car ton fils sera semblable aux dieux.

« Tu le conduiras aussitôt vers Ilion battue par les vents ; et si l'un des hommes mortels te demande quelle mère porta ton fils dans ses flancs, tu te souviendras de leur dire qu'il provient d'une Nymphe au teint de rose, qui habite sous les ombrages de ces montagnes. Si tu dis la vérité, si tu t'avises, dans ta folie, de te vanter d'avoir reçu un baiser d'amour de Cythérée à la belle chevelure, Zeus irrité te frappera de la foudre.

« Voilà ce que j'avais à te dire, et ton esprit m'a comprise. Retiens-toi, ne me nomme point, redoute la colère des dieux ! »

Elle dit, et s'élança dans le ciel battu des vents.

CONTES GRECS

I

THALYRIS

C'était le printemps.

Vers le soir, une brise parfumée murmurait dans les cyprès et les rosiers, sur les bords du Thermodon. Les rives du fleuve reprenaient, après le départ des troupeaux, l'aspect mélancolique et solennel qui caractérise les plaines avoisinantes du Pont-Euxin, et l'arome des violettes se mêlait d'une façon plus intime aux senteurs du vent du crépuscule.

Les Amazones ont regagné les montagnes de Thémiscyra, après les exercices et les jeux du jour. Une seule, Thalyris, est restée en arrière. Au moment où ses compagnes se sont formées en groupe pour le retour, elle s'est cachée derrière un bouquet de cyprès, quittant sa monture, jetant son bouclier, son arc et sa hache à deux tranchants. Elle a dénoué le voile qui comprimait douloureusement son sein droit, et, comme elle est jeune, sa gorge reprend sa forme première.

Elle apparaît blanche comme une statue de marbre dans la nuit montante.

Après avoir interrogé les alentours, et quand elle est certaine que personne ne la surveille, elle s'avance vers les rives du Thermodon, entre jusqu'à mi-jambe dans le flot et se hisse sur le sommet d'un bloc échoué à quelques pas du bord. La nuit est complète maintenant, mais le firmament est criblé d'étoiles, et la voie lactée développe un immense voile transparent sur la voûte céleste. Les eaux du Thermodon sont pâles, mais polies suffisamment pour refléter les astres; si bien, que Thalyris semble suspendue, fleur vivante, au centre d'une sphère constellée de clous d'or.

Ses yeux interrogent la rive opposée, par où doit venir Glaucos, l'homme qui reçut son premier baiser.

Suivant la coutume, aux premiers jours de la saison nouvelle, les Amazones s'étaient rendues en théorie sacrée dans les montagnes boisées de Carkhémis sur l'Euphrate. Des jeunes hommes venus des contrées voisines, parce qu'ils mettaient à haut prix les caresses de ces femmes sevrées, durant de longs mois, des plaisirs de l'amour, s'étaient unis à elles, trois nuits consécutives, puis s'en étaient allés sans amertume et sans regret. D'ailleurs, ils savaient qu'ils tenteraient en vain de retenir auprès d'eux des demi-déesses qui luttaient de force et de courage avec les hommes, et que neuf mois plus tard, on leur renverrait sous bonne garde les enfants mâles nés de cette union passagère.

Cependant Glaucos n'avait pu se séparer ainsi de la jeune Thalyris. Il était accouru de Thapsaque, située à vingt journées de marche de Carkhémis, dans l'espoir de s'initier aux caresses des Amazones et de s'en retourner avec ses compagnons, le cœur libre et les sens satisfaits. Mais s'il avait vaincu Thalyris, il s'était trouvé vaincu lui-même. Tandis que les couples s'endormaient sur la mousse odorante de la forêt, ils demeuraient, une grande partie de la nuit, assis côte à côte, à jaser comme des enfants. Glaucos avait senti que, sous les lignes merveilleuses du corps, il se trouvait quelque chose de plus grand à la fois et de plus doux que le contact charnel ; Thalyris avait deviné que la femme n'était pas faite que pour recevoir passivement la lourde et douloureuse charge de la maternité,

Ils ne se séparèrent point.

A grande distance, Glaucos suivit la théorie des Amazones. Vers le soir, il se rapprochait du camp des guerrières et, au signal convenu, le cri d'un oiseau de nuit, Thalyris rejoignait son amant. Quand les femmes eurent regagné les bords du Thermodon, Glaucos, afin de ne pas éveiller les soupçons et livrer à un supplice certain celle qu'il aimait, s'engagea comme pâtre sur la rive opposée.

Et voici pourquoi, à cet instant de la nuit, Thalyris interroge, inquiète et troublée, les eaux et les rives du Thermodon.

Cependant un grand bruit se fait derrière elle. Cinquante chevaux lancés avec fureur débouchent dans la plaine qui sépare le fleuve de la retraite des Amazones.

Thalyris se retourne. Ce sont ses compagnes qui viennent à sa recherche. Elle devine tout : ses courses nocturnes ont éveillé les soupçons de la tribu de femmes; elle sait ce qui l'attend.

Elle jette un dernier regard sur les flots du Thermodon , où rien n'apparaît; puis, convaincue que Glaucos du moins échappera au supplice, elle entre à mi-jambes dans l'eau et s'avance vers ses compagnes.

Thalyris ne cherche pas à nier. Elle avoue franchement et même avec orgueil l'amour qu'elle ressent pour l'homme qui l'a rendue femme, et combien le bonheur de mourir avec le souvenir de l'éternel baiser sur les lèvres l'emporte sur la tristesse d'une existence vouée au rut intermittent des fauves.

Et tandis que l'amant parcourt les rives du Thermodon, qu'il interroge les bouquets de cyprès et de rosiers, qu'il plonge dans les eaux du fleuve, à la recherche de sa maîtresse, les Amazones préparent le supplice de leur compagne déchue.

Le lendemain, à l'heure où se couche le soleil, la tribu entière s'assemble. Thalyris est liée depuis la nuit, à un chêne tapissé de lierre. Sa chair blanche se découpe nettement avec ses formes impeccables sur le vert du feuillage; les pointes roses de sa gorge semblent deux minuscules boutons de ces rosiers sauvages que les Amazones ont plantés, avant l'aube, autour de leur victime. Ses lèvres ont pâli par la fatigue d'une nuit sans sommeil ; mais ses grands yeux noirs, où Glaucos a lu sa première leçon d'amour vrai, ont gardé toute leur limpidité et toute leur profondeur.

— Te repens-tu de ta faute ? dit Sphioné, la reine des Amazones.

— Non ! répond avec fermeté Thalyris.

Sphioné bande son arc et vise. Une flèche traverse de part en part la suppliciée ; la pointe en pénètre dans le chêne, le bois demeure planté dans le sein droit. Thalyris a poussé un cri terrible.

— Te repens-tu, reprend Sphioné.

Thalyris ouvre la bouche : il ne s'en échappe qu'un gémissement ; mais d'un mouvement lent de la tête elle répond : non !

Antiope, l'aînée des Amazones, bande son arc et tire. Une seconde flèche se plante à la naissance du ventre de Thalyris, qui frémit de tous ses membres longtemps, longtemps, mais qui ne demande pas grâce.

La plus jeune des femmes tire à son tour. C'est elle qui doit achever la victime en visant au cœur. Est-ce pitié ? Est-ce maladresse ? sa flèche frappe Thalyris, au-dessus du sein gauche, mais ne l'achève pas.

Sur un ordre de la reine, les Amazones se retirent avec des vociférations horribles. Seules demeurent, suivant la coutume, en attendant le dernier soupir de la suppliciée, Sphioné et Antiope.

Cependant le soir tombe. Thalyris toute rouge de

sang, les cheveux volant dans la brise, se meurt lentement, debout dans ses liens, contre le chêne entouré de lierre. Ses deux gardiennes murmurent un hymne en l'honneur des déesses du bois.

Soudain surgit Glaucos.

Inquiet et redoutant une catastrophe, le jeune homme avait rôdé, tout le jour, dans les montagnes boisées où se trouvait la retraite des Amazones. Tout à l'heure, il avait surpris le groupe des femmes renvoyées par la reine, mais n'ayant pas reconnu Thalyris, il avait continué ses recherches.

D'un coup d'œil, Glaucos embrasse la scène : sa maîtresse suppliciée, Sphioné et Antiope en prières. Prompt comme la foudre, il bondit sur la reine, lui arrache sa hache à deux tranchants et lui fend le crâne ; mais le deuxième coup qui achève Antiope n'est pas assez rapide pour qu'elle ne puisse jeter un cri de détresse.

Thalyris a un dernier songe. Elle se voit dans une plaine sans fin où l'atmosphère s'embaume de roses et de violettes. Elle marche sans toucher terre, la taille enveloppée d'un bras solide, le bras de Glaucos, qui lui dit des choses très douces. Elle est si heureuse, si doucement bercée au pas de son amant, que des larmes éclosent dans ses yeux : elle tourne la tête et met ses lèvres sur les lèvres de celui qu'elle aime.

Et Glaucos, en effet, pose un long baiser sur sa bouche pâlie.

Le cri d'Antiope a été entendu. Un grand tumulte

se fait sous bois. Glaucos déchire les liens de Thalyris, arrache les flèches, jette sa maîtresse sur ses
épaules et fuit dans la direction du Thermodon. Il
fuit sans retourner la tête ; il fuit dans les dernières
lueurs du jour, tandis que la bande des Amazones
pousse des cris de mort derrière lui.

Le voici au bord du fleuve. Dans un instant, les
femmes l'auront rejoint. Alors il prend Thalyris dans
ses bras, la serre étroitement sur sa poitrine, met
un dernier baiser sur ses lèvres déjà froides, et
s'élance dans le flot.

La nuit sereine, avec son firmament constellé
d'étoiles, la nuit transparente tombe peu à peu, charriant les parfums des campagnes semées de roses et
de violettes. Les Amazones regardent les eaux du
Thermodon où viennent de surnager dans une étreinte
éternelle les corps de Thalyris et de Glaucos.

II

CYNISCA

Un jour, Dercyllidas, qui avait commandé avec
beaucoup de gloire les armées spartiates, se rendit à
l'assemblée populaire. Un jeune homme, contraire-
ment à la coutume, ne se leva pas pour le saluer et
lui céder sa place. A haute voix, et à la grande satisfaction du public, le jeune homme expliqua sa conduite.

— Je ne me lève pas devant toi, parce que tu ne laisseras pas d'enfants qui puissent un jour se lever devant moi !

Dercyllidas, célibataire et vieux, mais illustre, ne répondit rien à l'insolent. Il sortit de l'assemblée, et, tout en se dirigeant vers son foyer, il songea.

Il songea qu'il était dur de sauver sa patrie, sans en recevoir d'autre récompense qu'une injure que l'ironie rendait encore plus amère et plus cruelle. Il songea que, pour être demeuré célibataire, afin de mieux servir ses concitoyens, on lui refusait d'assister aux combats que se livrent les jeunes filles à demi-nues dans les gymnases. Il songea aussi que ses hauts faits, s'il le voulait bien, lui vaudraient une femme jeune, aimante, voluptueuse, et, plus tard, le respect des jeunes hommes. Au lieu de regagner son foyer, il longea les rives de l'Eurotas et pénétra dans la maison de son ami Démonax.

— Veux-tu, lui dit-il, me donner ta fille Cynisca en mariage ?

— A ton âge ? fit avec étonnement Démonax.

— Les Dercyllidas ne vieillissent pas !

Démonax ne consulta point sa fille, et le mariage eut lieu. Suivant l'usage, Dercyllidas se rendit, à la tombée de la nuit, à la maison de Démonax, enleva furtivement Cynisca et la mena chez lui. Il avait promis, d'ailleurs, malgré la beauté de l'enfant et le court temps de virilité qui lui restait, qu'il respecterait son épouse durant un mois, et se contenterait de séduire son âme avant de déflorer sa chair.

A peine dans sa quinzième année, Cynisca était belle et blonde comme Cérès. Elle n'était pas, comme ses autres sœurs de Sparte, grande, forte, hautaine, virile. Une main divine avait délicieusement sculpté sa gorge ferme, où fleurissaient deux gouttes de sang, ses reins à la ligne pure, son ventre dont la virginité se révélait dans une courbe légère et proéminente, ses jambes dont le dessin rappelait les plus merveilleuses formes chantées par les poètes. Et ses yeux ! ses yeux larges et profonds, d'un bleu sombre, où la volupté et la candeur disaient le péan de l'amour !

Cynisca aimait un jeune Crétois, du nom d'Argiléos, auquel les Éphores, en souvenir du grand Lycurgue, avaient permis de suivre en curieux les jeux du gymnase spartiate. Par une chaude soirée d'été, alors que la chair, au sortir du bain, est plus voluptueusement prête au baiser, Argiléos lui avait dit son amour, et elle avait répondu, les yeux demi-clos, et un étrange frémissement dans tous ses membres, qu'elle l'aimerait jusque dans la mort.

Quand Argiléos apprit l'union de Dercyllidas et de Cynisca, il ne pensa pas un instant que celle qu'il aimait à l'égal des dieux eût menti à ses sentiments et qu'un vieillard, quelque renommé qu'il fût, eût réussi à faire passer un frisson de plaisir dans son beau corps de vierge. Espérant que le mal serait réparable, il se rendit auprès de Démonax, qui l'éconduisit froidement. A Sparte, le sentiment ne devait jamais présider à l'union de deux époux ; tout au plus pouvait-il être une heureuse, ou plutôt une malheureuse rencontre.

— Dans notre cité, ajouta-t-il, il n'y a que des soldats, et des femmes capables d'enfanter des soldats!

A partir du jour où Cynisca devint la femme légale de Dercyllidas, elle suivit ou subit la coutume lacédémonienne : elle ne sortit plus que voilée, évita les jeux publics, dut vaquer à l'administration du foyer conjugal. Argiléos, n'attendant plus rien que de lui-même, se mit en devoir de s'introduire auprès de Cynisca, afin de lui donner le suprême baiser et de mourir ensuite.

Une nuit, il apparut près du lit de Cynisca, que ne partageait pas encore Dercyllidas. Une flamme très pâle éclairait sa maîtresse, étendue, presque nue, à cause de la chaleur estivale, et plus belle que les Nymphes des bois qu'invoquent les voyageurs égarés. Longtemps il la considéra en silence, dans l'espoir que cette image olympienne s'incrusterait dans son cerveau, et que, dans la mort, il emporterait sa maîtresse tout entière.

Cynisca se réveilla. Elle ne pensa pas à l'étrangeté de l'apparition d'Argiléos ; mais elle ouvrit ses bras au jeune Crétois, et tendit ses lèvres au baiser.

Quand l'aube apparut à l'horizon, Argiléos posa une dernière caresse sur la gorge la bouche et les yeux de sa maîtresse, gagna l'Eurotas, se lia une pierre au cou et se précipita dans le flot.

Dercyllidas, qui avait vécu, ne fut pas abusé. Il sortit de la couche de Cynisca comme il était sorti, quelque temps auparavant, de l'assemblée populaire, humilié, triste, convaincu que sa vie était sans but.

Durant les neuf mois de grossesse de sa jeune épouse, le vieillard n'eut garde de laisser rien paraître de son ressentiment ou de sa tristesse ; mais il vit les Éphores, Démonax et les Anciens, qui auraient à décider du sort de l'enfant.

Quand l'enfant fut au monde, Cynisca, malgré ses cruelles appréhensions, s'endormit dans un sommeil profond. Les douleurs de l'enfantement avaient été si longues et si terribles pour ses seize ans, que son âme s'était évanouie dès la délivrance.

Le repos avait rendu soudain à sa tête pâle, casquée d'une épaisse chevelure blonde, la beauté divine qui l'avait fait aimer. L'enfant, resté près d'elle, était couché le long de son flanc droit, et ses petites mains palpaient vaguement la gorge de la mère toute gonflée de lait.

Cynisca dormait.

Un vagissement de l'enfant la réveilla en sursaut. Elle redressa le buste en un mouvement brusque. Dercyllidas, le père suivant la loi, tenait le nouveau-né dans ses mains et le considérait, les sourcils froncés, les lèvres minces, la figure mauvaise.

— Oh! n'est-ce pas, dit Cynisca, tu le défendras bien?

Dercyllidas ne répondit pas. Il continuait à considérer l'enfant.

— C'est ton fils !

Une ironie sombre courut sur la face pâle du vieillard, qui répondit :

— Il faut bien que tu le saches, Cynisca ! Nous n'en savons rien... A côté des raisons générales que nous avons de ne rien préjuger en cette matière, j'en ai de particulières : l'âge, la laideur, la vraie gloire de chef d'armée, pour ne pas hasarder un jugement.

Un sanglot profond secoua la femme.

— D'ailleurs, ajouta Dercyllidas, le jugement des Anciens sera ce qu'il sera. La loi, on l'appliquera à ton fils comme on fait à celui de toute autre. Il vivra ou mourra conformément à l'avis de ceux qui ont le droit et le devoir d'en décider. Et puis, conclut-il, l'enfant est bien constitué en apparence, et la décision des juges ne pourra que lui être favorable.

Parmi les Anciens se trouvait Démonax. Tous, ils croyaient à la parole de Dercyllidas, qui avait marqué d'infamie sa jeune épouse. Et Démonax, le seul qui eût pu sauver et sa fille et l'enfant de sa fille, quand son tour vint de se prononcer, déclara avec l'emphase d'un stoïcien patriote :

— L'enfant de Cynisca n'est pas né viable !

L'enfant fut précipité dans un gouffre.

Dercyllidas retourna vers Cynisca.

— Où est mon fils ? hurla la mère.

Dercyllidas, farouche, avec un rictus abominable, répondit :

— Le fils d'Argiléos est allé rejoindre les petits mal venus des truies et des mères adultères.

Cynisca poussa un cri horrible. Elle était morte.

Dercyllidas s'assit près du cadavre, et, pour la première fois de sa vie, il pleura.

LA MORT DE SAPPHO

Vers le milieu de la nuit, Sappho quitta sa demeure, résolue de mettre un terme aux terribles souffrances de son cœur.

La nuit était sereine, des parfums rôdaient dans la brise nocturne, et la lune, au ras de l'horizon, allongeait fabuleusement dans la campagne les ombres des tamaris.

Le sentier, qui mène au sommet du promontoire de Leucade, passe au pied d'un temple d'Apollon, un sanctuaire redoutable, où s'agenouillent, avant de se jeter dans les flots, les amants trompés dans leur amour.

Entouré d'oliviers et de chênes verts, il demeurerait introuvable, n'était son péristyle de marbre blanc qui semble, dans la nuit, un grand voile lunaire tiré sur l'infini. Sappho s'y arrêta un instant. Elle récita, du bout des lèvres, quelques vagues invocations, car son esprit était ailleurs ; puis elle reprit sa route.

Le promontoire est dominé par un rocher de quatre-vingts pieds de haut. On y monte en s'accrochant aux anfractuosités de la pierre. Qu'une main s'ouvre, qu'un orteil glisse, et c'est la mort ! Sappho se hissa jusqu'à l'extrémité du rocher.

En face de la mer Ionienne, où la lune traçait une immense route d'argent, la courtisane eut peur. Elle se retourna brusquement et se trouva en face de l'astre nocturne, dans une clarté si blanche, si ouatée, qu'elle paraissait palpable. Malgré la hauteur, la brise était tiède et caressante. Sappho jeta son voile, et laissa se dérouler sa splendide chevelure fauve. A deux pas de la mort, il lui était doux de révéler, une dernière fois, la beauté souveraine de son corps à l'astre qui avait présidé au premier tressaillement de sa chair.

Toute droite, au sommet du roc, enveloppée de clarté, elle incarnait, sous le ciel constellé d'étoiles, la Beauté pure dont révèrent tous les artistes et tous les poètes de l'antique Hellade. Ses cheveux fauves, où la lune mettait des reflets métalliques, flottaient sous la brise autour de ses épaules, sur ses flancs, sur ses cuisses, comme un manteau léger.

Demeurée jeune et ferme malgré les caresses, sa gorge s'offrait à quelque lèvre invisible.

Le ventre, sans rides encore, s'incurvait doucement comme un vase d'albâtre, barré seulement de la ligne qui, chez la vierge, trace une courbe d'une hanche à l'autre. Une larme brûlante tomba des yeux

de la courtisane, roula sur sa joue et trembla un
instant au bout rose de son sein.

Et Sappho songea.

Elle songea à la première caresse qui lui révéla la
volupté. Elle songea aux baisers meurtriers des vieux
amants qui provoquaient tumultueusement ses désirs
sans les calmer. Elle songea surtout à ses amies, nombreuses et si parfaitement belles, qui se disputèrent
ses faveurs. Elle les revoyait une à une avec leurs
chevelures, ou rousses comme le crépuscule, ou
noires comme la nuit, ou blondes comme l'aube, ou
ardentes comme le plein midi. Sous les ondulations
de ces toisons divines, elle se représentait les épaules
délicates, les cuisses vigoureuses, les gorges droites,
les ventres arrondis. Elle les contemplait dans son
rêve.

Toutes ces images peu à peu prenaient de la réalité, et peu à peu se fondaient dans d'autres, ainsi
qu'il en arrive dans l'éphémère existence.

Et parmi ces beaux corps, souples comme les
jeunes branches des oliviers, odorants comme les
violettes, pâles et roses comme des aubes ioniennes,
elle voyait passer toute grande dans sa majesté
idéale, la Poésie qui, seule, à y regarder de près,
avait su calmer ses désirs et apaiser sa chair. Oh !
comme elle se rappelait maintenant les mots d'amour
et les odes passionnées qu'elle chantait tour à tour
à Télésippa, à Érinna, à Cydno, à Gongyla de Colo-
phon ! Des strophes palpitèrent comme des ailes
d'oiseau sur ses lèvres humides, son corps se balança

d'un rythme très doux dans la blancheur laiteuse qui tombait du ciel ; une volupté divine envahit son être entier.

Alors, pourquoi voulait-elle mourir ?

Elle se retourna.

Le roc, dressé très haut sur le promontoire, semblait, au bout de la verte Acarnanie, une stèle divine élevée par des mains pieuses en face de la mer Ionienne. Sous les rayons obliques de la lune, son ombre se prolongeait démesurément sur le flot. Et Sappho, debout à son sommet, vit son image s'allonger de même jusqu'au bout de l'horizon. Elle étendit les bras en croix pour se précipiter dans le vide. Et ce mouvement fit courir sur la mer deux ombres gigantesques. Il parut à la courtisane qu'elle embrassait le globe, et que son étreinte calmait peu à peu les ondulations innombrables des flots.

Elle ne tomba pas dans le vide.

Elle demeura longtemps les bras ainsi étendus, ne pouvant se défaire de cette idée de domination et de puissance. Car c'est bien de la sorte qu'elle avait embrassé ses amants et ses amantes ; c'est bien de la sorte que les passions les plus fougueuses s'étaient calmées sous l'étreinte de son beau corps !

Et pourtant elle avait été vaincue à son tour ! Et c'est pourquoi elle se trouvait, à cette heure de la nuit, au sommet du rocher de Leucade.

Elle avait été vaincue par l'amour !

Sappho se rappelait maintenant toutes les circonstances de sa chute ; car n'était-ce donc pas tomber que de devenir l'esclave d'un homme ?

Un soir, alors que le soleil descendait, parmi des lueurs roses, dans les flots violets de la mer Ionienne, elle avait croisé Phaon, un jeune homme beau comme Apollon. Il s'en venait, rêveur, du rivage de la mer où elle portait ses pas. Pour la première fois, depuis son premier baiser, Sappho baissa les yeux, tandis qu'un frémissement de crainte la secouait de la nuque aux talons. Elle ne se retourna pas pour suivre des yeux le jeune homme distrait; mais elle sentit qu'il continuait sa route sans songer à elle. Et ce fait lui parut étrange, et un doute terrible envahit sa pensée ! Il se rencontrait donc un homme, chez qui les effluves de sa chair parfumée ne réveillaient pas les désirs !

Pendant un long mois, ses nuits furent troublées. Au milieu des voluptés, qu'elle voulait d'autant plus étranges et raffinées que ses tourments étaient plus aigus, l'image de Phaon occupait sa pensée. Et sentant qu'elle ne parviendrait pas à calmer ses désirs, si le pâle rêveur ne tombait à son tour dans ses bras vainqueurs, elle se mit en quête de renseignements ur celui qui la possédait entière.

Phaon, suivant le récit des vieilles, qui semblaient inspirées de la divinité, avait trouvé l'éryngium, la plante mystérieuse, qui avait pour vertu de le faire adorer de toutes les femmes, sans qu'aucune d'elle le pût vaincre jamais. Et Sappho, qui se croyait supérieure à Aphrodite, n'en désira qu'avec plus de force de le faire ramper à ses pieds.

Mais Phaon demeura insensible. Un soir pourtant, rencontré sur le rivage de la mer, à cette heure troublante où s'éveillent les désirs, il avait posé ses lèvres sur les lèvres de Sappho. Depuis ce moment, et comme si la sensation lui avait paru inférieure à son rêve, il avait évité la femme et refusé les poèmes enflammés que la poétesse composait en son honneur. Tout cela, Sappho se le rappelait avec une précision extraordinaire.

Des frissons la secouaient, des sanglots éclataient dans sa gorge, des larmes brûlantes ruisselaient de ses yeux.

Et elle ne voulait plus mourir ! Qui sait si demain Phaon ne céderait pas à son empire ?

Soudain, elle crut apercevoir, très bas, parmi les vagues argentées, le corps de Phaon. Le jeune homme, couché sur le dos, les bras étendus, la tête divinement nimbée par les rayons de la lune, semblait offrir ses lèvres à celle qui se mourait d'amour pour lui. Oui, Sappho voyait clairement ses yeux, ses grands yeux noirs, profonds comme l'Océan, changeants comme les vagues. Alors, avec un grand cri, elle se précipita en avant. Et son corps, aux formes divines, tomba de l'énorme hauteur, pâle dans la blancheur de la lune, et plongea dans le flot.

Et c'est ainsi que mourut, dans la mer Ionienne, Sappho, la plus grande des poétesses et la plus belle des mortelles.

TABLE DES MATIÈRES

2941. — Tours, imprimerie E. ARRAULT Cⁱᵉ